유능한 제자 만들기

소 그룹과 가정교회, 교회개척
운동을 일으키기 위한 제자를
만드는 지침서.

Daniel B. Lancaster (다니엘 B. 랜캐스터)

T4T Press
유능한 제자 만들기
소 그룹과 가정교회, 교회개척 운동을 일으키기 위한 제자 양육 지침서.
지은이 다니엘 B. 랜캐스터, Ph. D.

펴낸 곳 T4T Press
2011년 초판 인쇄

이 책은 저작권법에 의해 보호를 받는 출판물입니다. 기록된 형태의 저자의 허락이 없이는 무단 전재와 복제를 금합니다.

등록/2011년 다니엘 B. 랜캐스터
ISBN 978-1-938920-90-5 인쇄

특별히 언급한 것을 제외한 모든 성경 인용은 국제 성서 공회에서 1973, 1978, 1984년에 출판된 성경, NEW INTERNATIONAL VERSION, NIV를 Zondervan의 허락을 받고 사용했습니다.,

NLT로 표기한 것은 Wheaton, Illinois, 60189, Tyndale House 출판사의 허락을 받고, 1996, 2004년에 출판된 New Living Translation 성경을 사용했습니다.

NASB로 표기한 것은 Lockman Foundation에 의해서 1960, 1962, 1963, 1968, 1971, 1972, 1973,1975, 1977, 1995에 인쇄된 New Living Translation 성경을 사용했습니다.

HCSB로 표기한 것은 Holman Bible Publishers에 의해서 1999, 2000, 2002, 2003에 인쇄된 Holman Christian Standard Bible 성경을 사용했습니다.

CEV로 표기한 것은 미국 성서공회가 국회 도서관의 허락을 받고 1995년에 인쇄한 Contemporary English Version 성경을 사용했습니다.

추천사

직접 체험하고 헌신한 사람들을 통해서 쓰여진 선교의 확장과 교회 성장에 대한 책들에 대한 요구는 언제나 있어왔다. '예수 따르는 훈련'은 그런 시리즈들이다. 이 책은 오늘날 세상 모든 민족들에게 접근하기 위한 예수님의 전략을 간소화한 것이다.

이 책은 이론가에 의해서 쓰여진 것이 아니라 경험자에 의해서 기록되었다. 여러분은 베테랑 선교사인 댄 랜캐스터(Dan Lancaster)가 새로운 접근법으로 저술한 '예수 따르는 훈련'을 읽고 공부함으로 더욱 풍성해짐을 경험할 것이다.

Roy J. Fish
Professor Emeritus
Southwestern Baptist Theological Seminary

다른 문화 그룹에서 기독교에 대해서 배우기를 원하거나 초 신자들을 대상으로 제자훈련 시킬 수 있는 좀 실제적인 책을 찾고 있는가? 바로 이 책이다.

제자 훈련 교재가 너무 쉬워서 3일만 배우면 제자들이 또 다른 사람들을 훈련시켜 예수님의 계명에 순종하도록 만든다. 댄 랜캐스터(Dan Lancaster)는 많은 경험과 최고의 실습과 성경을 종합하여 내가 늘 지니고 다닐 하나의 좋은 틀(tool)을 만들었다.

Galen Currah
Paul Timothy Trainers Itinerant Consultant
www.Paul-Timothy.net

이 제자 양육 교제의 선명하고 반복적인 접근은 새 신자들이 신앙의 기본을 이해하고 마스터 하여 자기가 배운 것을 다른 사람들과 나누는데 아주 효과적인 구조로 되어있다.

Clyde D. Meador
Executive Vice President
International Mission Board, SBC

나는 이 교제를 가지고 미국에서 100명의 지도자들을 가르쳤는데, 항상 두 가지 반응이 있었다. '이것은 너무 단순하다. 내가 이것을 10년 전에만 배웠으면 좋았을 텐데.' 이 매뉴얼에 있는 진리는 생생하고, 실제적이며, 증명된 것들이기에 또 다른 제자를 양육하는 제자를 만들기 위한 훈련에 아주 효과적이다. 나는 이 책을 꼭 추천해주고 싶다.

Roy McClung
Missionary/Consultant
www.MaximizeMyMinistry.com

이 책은 CPM(교회개척운동)을 위한 교리서와도 같은 책이다. 이것은 제자의 열매 맺는 삶을 위한 기본 틀을 제공하는 측정 가능한 단순한 적용이다. 이 책에는 아주 가치 있는 것들과 실제적인 훈련 내용들로 가득하다.

Curtis Sergeant
Vice President for Global Strategies
E3 Partners Ministry
www.e3partners.org

예수 따르기 훈련 책 1권-유능한 제자 만들기는 전 세계에 있는 새 신자들이 예수님 안에 믿음의 기초를 두도록 하기 위한 실제적인 제자훈련 프로그램이다. 이 책은 신자들이 온 마음과 영과 혼과 힘을 다해서 하나님을 사랑하도록 가르치고, 또한 새로운 신자들뿐 아니라 성숙한 신자들도 예수님의 사랑을 전하는데 사용하도록 고안되었다.

학습자들은 첫날에 잃어버리고 죽어가는 세상에 대해서 배우게 된다. 훈련자들은 훈련생들에게 그들이 이미 예수님의 빛을 가지고 어두움의 세상으로 들어갔음에 대해서 가르친다. 이 책은 실제적이고 사람들이 편안하게 사용할 수 있고, 성경적이며 또한 대담하다."

Gerald W. Burch
Missionary Emeritus
International Mission Board, SBC

댄 랜캐스터(Dan Lancaster)는 예수님을 따르는 유능한 제자들을 생산하기 위한 간단하고 성경적이며 재 생산 가능한 방법을 제공한다. 당신은 또 다른 무엇을 찾고 있는가? 저자는 신자들이 주님 안에서 성장하도록 돕기 위해서 여덟 개의 간단한 예수님의 그림들을 사용하였다. 이 원리들은 선교 현장에서 경험된 것이기 때문에 당신에게도 유용할 것이다.

Ken Hemphill
National Strategist for Empowering Kingdom Growth
Author, Speaker, Growth Consultant
Professor of Evangelism and Church Growth

"이 책을 가지고 필리핀에서 사용해 보았는데, 아주 효과가 좋아서 나는 이 책을 아주 좋아한다. 훈련하는 사람들에게 왜 이 책을 좋아하는지 물어보았는데, 그들은 '우리가 가르친 사람들이 또 다른 사람들을 가르칩니다!'라고 대답했다. 간단한 레슨 안에 큰 가치가 있으며… 또한 재 생산적이다.

우리는 변호사, 의사, 군대 중령, 사업가, 과부 그리고 경비원들, 지식인들, 교육을 받지 못한 사람들이 이 책을 가지고 다른 사람들을 훈련시키는 것을 보았고, 심지어 훈련 받은 사람들이 또 다른 사람들을 훈련시키는 것도 보았다.

Darrel Seale
Missionary in the Philippines

나는 태국에서 30년 이상 도시와 시골에서 교회를 개척해본 경험이 있는데, 성장을 못하여 위축된 교회들을 너무나 많이 보았다 –교회들은 영적인 충족을 위해서 지속적으로 외부 지도자들에게 의존한다. 이런 현상은 교회들을 개척한 사람들이 서양식 교육 방법을 사용했기 때문에 자기 나라의 신자들에 의해서 재 생산되지 못한 결과이다. 비록 몇 교회들이 재 생산을 한다고 해도 거의 대부분은 태어날 때부터 불구가 된다!

이 훈련 교제는 우리에게 두 가지 단서를 제공하는데 하나는 말씀이 신자들에게서 신자들에게로 전해진다는 확신: 그리고 다른 하나는 재 생산이 가능하다는 것이고 또 단순한 반복의 힘에 대한 것이다.

Jack Kinnison
Missionary Emeritus
International Mission Board, SBC

예수님은 "누구든지 내 제자가 되려거든 자기를 부인하고 자기 십자가를 지고 나를 따르라"고 했다. 댄 랜캐스터(Dan Lancaster)는 선생으로, 목사로, 아버지로, 그리고 선교사로서 제자화의 기본과 다른 것으로는 대체할 수 없는 요구들을 이해했다. 이 훈련은 외딴 곳에 있는 마을에서나 대학교 강의실에서도 값지고, 전략적이며 적절한 것이다.

제자로의 부름은 전 우주적이며 랜캐스터 박사(Dr. Lancaster)는 모든 문화와 상황에서 사용할 수 있는 재 생산적인 교제를 만들었다. 간단하면서 확실한 교육 방법으로, FJT(Follow Jesus Training)는 재미있으면서도 오래 기억에 남는 제자 훈련을 시킨다. 예수님 따르기 훈련은 제자들을 위한 종합 패키지이다: 성경적이고, 재 생산적이며, 실제적인 동시에 배가 시키는 훈련이다.

Bob Butler
Country Director
Cooperative Services International
Phnom Penh, Kingdom of Cambodia

댄 랜캐스터 박사(Dr. Lancaster)는 복음과 문화를 아주 주의 깊게 연구하였다. 그는 예수님의 방법대로 사람들이 "프로그램 화" 되지 않으면서 주님 안에서 강하게 성장하도록 도울 수 있는 간단하면서도 사용하기 편리한 과정을 만들어 주었다. 이 가정교회를 위한 과정은 예수 중심적이며 제자화에 초점을 맞춘 것이다. 나는 이 책을 적극적으로 추천하면서 이 책이 가정교회 문화에서뿐 아니라 북미에 있는 전통적인 교회들에서도 사용되기를 기도한다.

Ted Elmore
Prayer Strategist and Field Ministry Strategist
Southern Baptists of Texas Convention

목차

제1부
기초(NUTS AND BOLTS)

제2부
훈련

환영합니다	41
증가	49
사랑	63
기도	73
순종	87
동행	101
가라	115
나눔	125
씨 뿌리기	139
짚어지기	149

제 3 부
참고문헌

더 깊은 연구를 위하여	159
부록 A	161
부록 B	163
부록 C	171

머리말

> "…내가 너희에게 분부한 모든 것을 가르쳐 지키게 하라.

2,000년 전에 주님이 남기신 지상명령의 마지막 부분은 그때나 지금이나 우리에게 큰 도전이며 중요한 말씀이다. 주님의 모든 계명들 중에서 지상 명령은 무엇을 의미하는 것인가? 사도 요한은 주님이 우리에게 말씀하신 것을 다 기록하면 세상의 모든 책을 가득 채울 수 있을 것이라고 말한다.(요21:25). 확실히 주님의 마음 속에는 더욱 간결한 무엇인가 있었다. 예수 따르기 훈련 1부에서는 부제로 유능한 *제자 만들기*로 붙였다. 댄 랜캐스터(Dan Lancaster)는 복음서로부터 예수님에 대한 여덟 개의 그림을 그려서 그것을 모방할 때에 예수를 따르는 자들이 예수님을 닮은 제자들로 변화되도록 하였다.

유능한 제자 만들기 에서 댄은 단순히 제자훈련에 관한 다른 한 책을 만들기 위해서가 아니라 훨씬 더 높은 목표를 갖고 이 책을 만들었다. 댄은 제자 확장 운동이라는 관점에 초점을 맞추었다. 결국 그는 4년 동안 초 신자들을 훈련시켜 예수를 닮은 제자를 만들 뿐 아니라 그들이 다시 다른 제자들을 만드는 것을 보기까지 연구하고, 실험하고, 평가해서 그의 제자훈련 프로그램을 다시 수정하였다.

이 제자훈련 시스템을 개발한 후에, 랜캐스터 박사(Dr. Lancaster)는 많은 수고를 통해서 이 레슨들을 집약하여 사용자가 편리하게 사용할 수 있고, 재 생산 가능하도록 만들어 세계 어떤 문화에서도 적용할 수 있도록 편집하였다. 유능한 제자 만들기는 우리가 결코 멈출 수 없는 예수님을 닮아가려는 노력과 새로운 제자들을 통해서 이 지구상에 그리스도의 나라가 확장되게 하도록 하는데 아주 놀랍게 공헌할 것이다.

이 세상적인 방법으로 **빠른** 시일 내에 제자를 만드는 것은 쉬운 일이 아니다. 하지만 불가능한 일도 선택적인 일도 아니다.

당신이 댄 랜캐스터(Dan Lancaster)의 유능한 제자 만들기 안으로 들어가면 한 제자와 당신에게 앞으로 나아갈 이미 실험되고 증명된 것을 보여줄 제자 양육하는 자를 만나게 될 것이다.

David Garrison
Chiang Mai, Thailand
Author-Church-Planting Movement:
How God is Redeeming a Lost World

감사의 글

15년 전에 예수 따르기 훈련을 시작한 미국에 있는 세 교회에게 감사를 드린다: 텍사스 해밀턴에 위치한 커뮤니티 바이블 교회(Community Bible Church)(시골 개척 교회); 텍사스 템플에 위치한 뉴 커브넌트 침례교회(New Covenant Baptist Church)(제자 양육에 포커스를 둔 기존교회); 텍사스 루이스빌에 위치한 하이랜드 펠로우쉽교회(Highland Fellowship)(도시 외각 개척교회). 몇 년 만에 예수 따르기 훈련은 4에서 7개로 마지막에 예수의 여덟 개 그림이 되었다. 우리는 함께 많은 것을 나누었다. 그리고 여러분의 사랑과 기도로 그것이 많은 민족들에게 열매로 나타났다.

서남 아시아 여러 나라들에서는 소수 부족의 파트너들의 도움으로 예수 따르기 훈련이 다듬어지고 실험되어 이제는 국제적인 도구로 거듭났다. 이런 나라들의 보안과 안전 문제로 인해서 나는 이곳에서 그들의 이름을 언급할 수가 없다. 특히 세 종족은 제자 훈련과 훈련을 받은 사람들이 계속해서 다른 사람들을 훈련하는 현장 실습을 하는 일까지 도왔다.

나는 서남 아시아에서 4년 간에 걸쳐서 교제를 개발하는 과정을 통해 훈련에 참가한 많은 훈련생들의 기도의 후원과 설문조사에 대한 응답과 격려에 감사한다. 여러분들은 이 교제의 초점을 맞추는 일과 발전시키는데 아주 중요한 방법으로 기여했다.

우리는 모두는 멘토들의 시간 투자와 삶의 경험의 결과물이다. 나는 예수의 제자로서 나의 삶에 영향을 준 로니 캡스(Ronnie Capps) 목사와 조이 J. 피시(Roy J. Fish) 박사, 크레이그 게리슨(Craig Garrison) 목사, 데이비드 게리슨(David Garrison) 박사, 엘빈 멕켄(Elvin McCann) 박사, 데란 로모(Dylan Romo) 목사 그리고 톰 울프(Thom Wolf) 박사에게 감사를 드린다.

이 훈련에 몇 가지 드라마를 통한 활동 학습을 위해서 수고한 조지 패터슨(George Patterson)과 갈렌 커라(Galen Currah)에게 특별한 감사를 전한다.

그리고 끝으로, 도와주고 격려해준 가족에게 감사한다. 나의 사랑하는 자녀인 제프(Jeff), 제크(Zach), 카리스(Karis)와 제니(Zane)가 믿음과 소망 사랑을 갖게 해주었다. 나의 아내 홀리(Holli)는 몇 번이나 원고를 읽고 여러 제안을 해주는 등 큰 역할을 주었다.

아내는 자신이 인도한 훈련 세미나에서 몇 가지 좋은 아이디어를 제공해 주었고 지난 15년간 많은 개념들을 만드는데 중요한 역할을 해 주었다.

하나님께서 열정적이고 영적인 지도자들을 지속적으로 양육하여 민족들을 치유하는 이 일에 헌신하는 모두에게 복 주시길 바란다.

Daniel B. Lancaster, Ph. D.
Southeast Asia

들어가는 말

예수 따르는 훈련(FTJ) 1부, 유능한 제자 만들기(Making Radical Disciples)에 온 것을 환영한다. 당신이 그 분의 아들을 따를 때에 하나님께서 복 주시고, 번성케 해주시길 바란다. 당신이 미전도 종족(UPG)을 통해 예수님과 천천히 동행할 때 당신의 사역에 100배의 열매를 주시길 바란다.

당신의 손에 갖고 있는 매뉴얼은 세상을 복음화 하기 위한 예수님의 전략에 바탕을 둔 체계화된 훈련 시스템이다. 그것은 수년간의 연구와 북미와 서남아시아에서 테스트를 거친 결과물이다. 이 시스템은 이론이 아니며 훈련이다. 하나님과 함께 하는 당신의 선교에 뭔가 다른 결과가 있도록 그것을 사용해 보라. 우리는 경험해 보았으며 당신도 할 수 있을 것이다.

미국의 시골교회와 교외에 있는 교회에서 훈련을 시작한 후 우리 가족은 서남아시아에서 지도자들을 가르치고, 훈련하라는 하나님의 부르심을 느꼈다. 나는 미국에서 10년 이상 교회를 개척했고, 다른 교회 개척자들을 훈련하는 일을 했다. 해외로 가서도 똑같은 일을 하는데 뭐 얼마나 힘들까! 우리 가족은 자만심과 희망을 갖고 선교지로 떠났다.

언어를 배우는 동안에, 나는 소수부족 지도자 파트너들과 다른 사람들을 훈련하기 시작했다. 우리는 제자 훈련과 교회 개척에 관한 기본 4주 훈련 코스를 열었다. 전형적으로 30-40명의 학생들이 훈련에 참석했다. 그들은 종종 그 레슨들이 얼마나 유익하며, 그 가르침으로 인해서 얼마나 감사한지에 대해서 말했다. 그럼에도 불구하고 나를 괴롭히기 시작하는 한 가지가 있었다. 그것은 훈련을 받은 사람들이 자신들이 배운 것을 남들에게 가치지 않았다는 것이었다.

지금 미국에서는 우리의 문화 속에, 심지어 믿지 않는 사람들에게까지도, 성경적 이해가 있기 때문에 당신이 다른 사람들을 가르치지 않아도 큰 문제가 없다. 하지만 서남아시아에서는 불신자들에게는 성경적 이해가 없다. 미국에서 내가 아니더라도 아마 다른 사람이 이 사람에게 영향을 끼칠 수 있다고 생각할 수도 있다; 하지만 선교지에서 그런 가능성은 거의 없다.

그래서 우리는 당혹스러웠다. 우리가 "가장 좋은 것" 부족들에게 가르쳤지만 그들은 다시 다른 사람들을 가르치지 않았다. 사실, 우리는 "전문적으로 세미나에 참석하는 사람들"에게 매료가 된 듯 했다. 우리는 가난에 찌든 나라에서 일주간의 훈련 동안 식사를 제공했는데 결과가 변변치 않았다. 그 다음에 일어난 결과는 나를 겸손하게 만들었다.

한 훈련을 마친 후에 나는 통역한 사람과 찻집에 앉아서 그에게 간단한 질문을 했었다.

> "존[1], 우리가 이번 주에 실시한 훈련 중에서 사람들은 어느 정도 실천할 것이며, 또 다른 사람들도 행하도록 훈련을 시킬 것 같죠?"

존에게 자기 나름대로 생각은 있지만, 내 생각에 그가 말하고 싶지 않은 것이 분명했다. 그의 문화에서 학생들은 절대로 선생을 비판하지 않고, 존은 내가 그에게 가르친 것을 실천하라는 부탁으로 느꼈다. 대화를 좀 더 나눈 후에 나의 뜻을 바로 이해하고는 나에게 해준 대답이 모든 것을 바꾸어놓았다.

> "댄 박사님, 제 생각에는 지난 주에 당신이 그들에게 가르친 것의 10% 정도 실천할 것 같아요"

나는 기절할 뻔 했으나 내색을 하지 않으려고 노력했다. 대신에 다른 한 질문을 던졌는데, 그 질문은 우리가 2년 6개월 동안이나 실험한 한 과정의 출발이 되었다.

> "존, 당신은 그 사람들이 행하거나 행할 것이라고 생각하는 그 10%를 우리에게 말해줄 수 있겠어요?" 나의 계획은 그 10%를 건지고 나머지는 버리며, 우리가 가르친 것을 그들이 전부 행할 때까지 훈련하고 다시 교제를 수정하려는 것이었다.

---

[1] 보안상의 문제로 이름을 바꾸었다.

존은 그들이 행할 것이라고 믿는 그 10%를 나에게 말해주었다. 우리는 나머지를 버리고 다음 모임을 위해서 다시 교제를 만들었다. 한 달 후에 우리는 한 주간 훈련을 했고 나는 존에게 같은 질문을 던졌다. 그들이 몇 퍼센트가 실천할 것 같죠?

"존이 대답했다. "댄 박사님, 이번에 가르친 것은 그들이 15%는 실천할 것 같아요"

나는 할 말을 잃었다. 존은 내가 미국에서 목회를 하면서 배운 것과 다른 교회 개척자들을 가르치면서 배운 모든 것 중에서 최고 중의 최고의 내용으로 지난 달부터 훈련 교재를 다시 쓴 것을 몰랐다. 내가 할 수 있는 최고의 세미나를 했는데… 배운 사람들은 그것의 15%만 실천할 수 있다니!

그래서 예수 따르기 훈련 시스템을 다시 정리하고 개발하여 우리가 2년 반 동안 사용한 교재를 새로 만들기 시작했다. 매달 우리는 한 주 세미나에서 가르쳤고, 그 세미나를 마치고 다시 설문조사를 하였다. 우리는 한가지 질문에 우리의 노력을 집중했다: 우리의 가르침으로 말미암아 우리가 가르치는 것의 몇 퍼센트를 그들이 실천할 것인가?

3개월이 되었을 때, 우리는 20%까지 올렸다. 그 다음달에는 25%가 되었다. 어떤 달은 전혀 진전이 없었다. 또 어떤 다른 달은 수확이 좋았다. 이런 개발 과정을 거쳐서 하나의 선명한 원리가 탄생했다. 우리가 예수 따르기를 가르치면 가르칠수록 다른 사람들이 또 다른 사람들이 같은 일을 하도록 가르쳤다.

나는 존과 다른 부족 사람들이 우리가 가르친 내용의 90%를 실천한다는 이야기를 나누었던 날을 아직도 기억한다. 우리는 서양식 방법, 동양식 방법, 박사 훈련, 우리의 경험을 버리고 예수님이 우리에게 따르라고 가르친 것만 신뢰하는데 오랜 시간이 걸렸다.

이것은 예수 따르기 훈련(FJT)이 어떻게 만들어졌는지의 역사이다. 능력 있는 제가 만들기는 복음서와 사도행전, 서신서들 그리고 교회 역사에 나타난 다른 민족에게 복음을 전하는 다섯 단계의 예수님의 전략으로 신자들을 무장시켜 다시 다른 사람들을 훈련시킬 수 있도록 만든 시스템이다. 이 훈련 여정의 목표는 정보가 아니라 변화이다. 이런 이유로, 레슨은 중요한 영적 진리의 단순한 "씨앗들"이다. 더하여 그들은 아주 재생산적이다. 그들은 "작은 누룩이 전체에 번진다"는 영적인 원리를 따라 신자들은 무장시켜 다시 제자를 생산하며, 열정적으로 예수를 따르는 사람이 되도록 한다.

아무 것도 바꾸지 말고 이 매뉴얼에 따라 내용을 가르치라 (이 훈련을 당신이 사역하고 있는 문화에 맞게 바꾸지 말라) 적어도 다섯 번을, 훈련 팀들이 당신 주위를 걸어 다니며 처음 다섯 번의 훈련을 돕는다고 상상하면서 하라. 유능한 제자 만들기는 당신이 한 단계, 한 단계씩 몇 번 다른 사람을 훈련시켜야만 선명해진다. 지금까지 우리는 이 교제를 가지고 서남아시아와 미국에서 수 천명의 사람들(신자들과 불신자들)을 훈련시켰다. 다른 사람들이 이미 저지른 실수를 반복하지 않기 위해서 이 제안을 따르기 바란다. 기억하라: 현명한 사람은 그의 실수에서 배우고; 지혜로운 사람은 다른 사람들의 실수를 통해서 배운다.

시작하면서 예수 따르기 훈련이 우리가 훈련한 사람들을 변화시킨 만큼이나 우리 자신도 변화시켰다는 사실을 나누어야 할 것 같다. 하나님께서 당신에게도 동일하게 그리고 더욱 풍성하게 복 주시길 바란다.

제1부
기초(Nuts and Bolts)

예수님의 전략

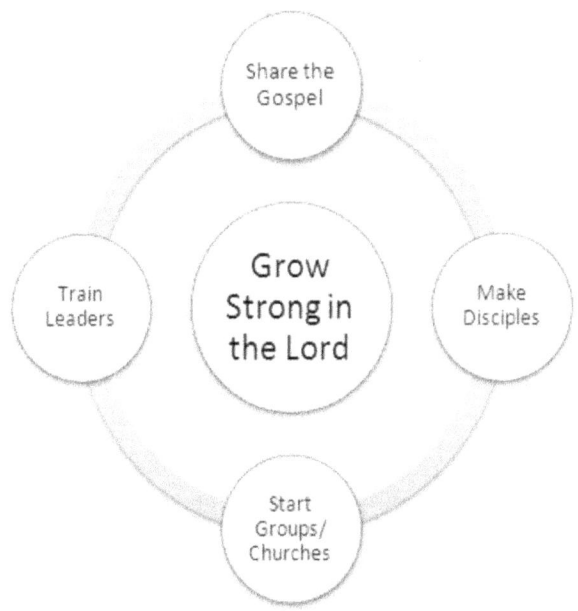

　모든 민족에게 말씀을 전하는 예수님의 전략에는 다섯 단계가 있다: 주님 안에서 강해지는 것, 복음전파, 제자 양육, 교회를 이끌어갈 첫 번째 그룹, 리더양육. 모든 단계들이 각자 다르지만 둥근 순서의 있는 다른 단계들을 잘 이해할 수 있도록 도와준다. 예수 따르기 훈련(FJT)에 있는 내용들은 훈련자들을 무장시켜 주님을 따르는 그 민족 사람들이 스스로 교회 개척 운동을 일으키게 하는데 촉매제가 되게 한다.
　유능한 제자 만들기 에서는 첫 번째 세 단계를 제시한다: 주님 안에서 강하게 자라라. 복음을 나누라. 그리고 제자를 삼으라.
　학습자들은 배가 운동에 대한 비전을 갖고 그 방법을 배운다: 소 그룹인도, 기도, 예수님의 계명에 순종하기, 성령의 능력 안에서 걷기(주 안에서 강하게 자라기), 학습자들은 그들의 일터에서 하나님과 동행하는 법을 발견한다; 그들은 간증하는 방법을 배우고, 복음의 씨를 뿌리며, 그 민족 안에서의 배가 운동에 대하여 다른 사람과 비전을 나눈다.(복음을 나눔).
Pg. 22
그 과정을 마무리 마치면서 학습자들에게 제자 삼는 도구를 주라.(제3단계) 그리고 그들을 그룹 안으로 인도하라.

유능한 제자 만들기 교제를 사용하여 신실하게 다른 사람들을 훈련하는 사람들은 그들의 필요에 의해서 지속적으로 건강한 교회를 세우든지 아니면 유능한 제자를 양육할 것이다. 건강한 교회 세우기는 교회들을 훈련하여 새로운 그룹 모임을 시작하게 하고, 교회들(예수님의 전략 제4단계)이 새로운 교회 개척 운동을 일으키도록 만들어진 교제이다.

유능한 학습자 훈련은 영적 지도자들이(예수님의 전략 제5단계) 열정을 개발하고, 궁극적 목적인 교회 개척 운동을 일으키도록 훈련하는 시스템이다. 두 훈련 시스템은 예수님의 사역과 방법을 발견하여 학습자들이 완전히 숙지하고 다른 사람들에게 나누도록 하기 위한 간단 하면서도 재 생산 가능한 도구이다.

아래의 성경 구절은 위에 언급한 예수님의 사역에 나타난 다섯 단계를 보여주는 것이다. 베드로와 바울은 예수님과 같은 패턴을 그대로 모방하는 전략을 사용했다. 예수 따르기 훈련은 우리도 같은 방법으로 가능하도록 만든다. .

예수님

주님 안에서의 성장

-누가복음 2:52- 예수는 지혜와 키가 자라가며 하나님과 사람에게 더욱 사랑스러워 가시더라.

복음 전파

-마가복음 1:14,15- 요한이 잡힌 뒤에, 예수께서 갈릴리에 오셔서, 하나님의 복음을 선포하셨다. "때가 찼다. 하나님의 나라가 가까이 왔다. 회개하여라. 복음을 믿어라."

제자 양육

-마가복음 1:16-18- 갈릴리 해변으로 지나가시다가 시몬과 그 형제 안드레가 바다에 그물 던지는 것을 보시니 그들은 어부라. 예수께서 이르시되 나를 따라오라 내가 너희로 사람을 낚는 어부가 되게 하리라 하시니 곧 그물을 버려 두고 따르니라.

그룹 및 교회 설립

-마가복음 3:14, 15- 예수께서 열둘을 세우시고 [그들을 또한 사도라고 이름하셨다.] 이것은, 예수께서 그들을 자기와 함께 있게 하시고, 또 그들을 내보내어서 말씀을 전파하게 하시며, 귀신을 쫓아내는 권능을 가지게 하시려는 것이었다. (참조: 마가복음 3:16-19, 31, 35)

리더 트레이닝

-마가복음 6:7-10- 그리고 열두 제자를 가까이 부르셔서, 그들을 둘씩 둘 씩 보내시며, 그들에게 악한 귀신을 억누르는 권능을 주셨다. 그리고 그들에게 명하시기를, 길을 떠날 때에는, 지팡이 하나 밖에는 아무것도 가지고 가지 말고, 빵이나 자루도 지니지 말고, 전대에 동전도 넣어 가지 말고, 다만 신발은 신되, 옷은 두 벌 가지지 말라고 하셨다. 또 그들에게 말씀하셨다. "어디서 어느 집에 들어가든지, 그 곳을 떠날 때까지 거기에 머물러 있어라. (참조: 마가복음 6:11-13)

베드로

주님 안에서의 성장

-사도행전 1:13, 14- 그들은 성 안으로 들어와서, 자기들이 묵고 있는 다락방으로 올라갔다. 이 사람들은

베드로와 요한과 야고보…

이들은 모두, 여자들과 예수의 어머니 마리아와 예수의 동생들과 함께 한 마음으로 기도에 힘썼다.

복음전파

-사도행전 2:38, 39- 베드로가 이르되 너희가 회개하여 각각 예수 그리스도의 이름으로 세례를 받고 죄 사함을 받으라 그리하면 성령의 선물을 받으리니 이 약속은 너희와 너희 자녀와 모든 먼 데 사람 곧 주 우리 하나님이 얼마든지 부르시는 자들에게 하신 것이라 하고.

제자양육

-사도행전 2:42, 43- 그들은 사도들의 가르침에 몰두하며, 서로 사귀는 일과 함께 음식을 먹는 일과 기도에 힘썼다. 사도들을 통하여 기이한 일과 표적이 많이 일어났다. 그리하여 모든 사람에게 두려운 마음이 생겼다.

그룹/교회 시작

-사도행전 2:44-47-믿는 사람은 모두 함께 지내면서, 모든 것을 공동으로 소유하고, 재산과 소유물을 팔아서, 모든 사람에게 필요한 대로 나누어 가졌다. 그리고 날마다 한 마음으로 성전에 열심히 모이고, 집마다 빵을 떼면서, 순수한 마음으로 기쁘게 음식을 먹고, 하나님을 찬양하였다. 그래서 그들은 모든 사람에게서 호감을 샀다. 주께서는 구원받는 사람을 날마다 더하여 주셨다.

리더 훈련

-사도행전 6:3, 4- 그러니 형제자매 여러분, 신망이 있고 성령과 지혜가 충만한 사람 일곱을 여러분 가운데서

뽑으십시오. 그러면 그들에게 이 일을 맡기고, 우리는 기도하는 일과 말씀을 섬기는 일에 헌신하겠습니다."
(참조: 사도행전 6:5, 6)

바울

주님 안에서의 성장

-갈라디아서 1:15-17- 그러나 내 어머니의 태로부터 나를 택정하시고 그의 은혜로 나를 부르신 이가 그의 아들을 이방에 전하기 위하여 그를 내 속에 나타내시기를 기뻐하셨을 때에 내가 곧 혈육과 의논하지 아니하고 또 나보다 먼저 사도 된 자들을 만나려고 예루살렘으로 가지 아니하고 아라비아로 갔다가 다시 다메섹으로 돌아갔노라.

복음전파

-사도행전 14:21- 복음을 그 성에서 전하여 많은 사람을 제자로 삼고 루스드라와 이고니온과 안디옥으로 돌아가서.

제자양육

-사도행전 14:22- 제자들의 마음을 굳게 하여 이 믿음에 머물러 있으라 권하고 또 우리가 하나님의 나라에 들어가려면 많은 환난을 겪어야 할 것이라 하고.

그룹/교회 시작

-사도행전 14:23- 각 교회에서 장로들을 택하여 금식 기도 하며 그들이 믿는 주께 그들을 위탁하고.

리더 트레이닝

> *-사도행전 16: 1-3-* 바울이 더베와 루스드라에도 이르매 거기 디모데라 하는 제자가 있으니 그 어머니는 믿는 유대 여자요 아버지는 헬라인이라 디모데는 루스드라와 이고니온에 있는 형제들에게 칭찬 받는 자니 바울이 그를 데리고 떠나고자 할새…

교회역사

교회 역사를 보면, 이 같은 다섯 단계의 과정은 분명하다. 베네딕트(St Benedict), 아시시의 프란시스(St. Francis of Assisi), 피터 왈도(Peter Waldo)와 왈덴시안들(Waldensians), 제이콥 스펜너(Jacob Spener) 및 경건주의자들, 존 웨슬리(John Wesley)와 감리교, 조나단 에드워즈와(Jonathan Edwards) 청교도들, 길버트(Gilbert Tennant)와 침례교도들, 도슨 트로트만(Dawson Trotman) 및 네비게이토, 빌리 그래함(Billy Graham) 현대 전도(Modern evangelicalism), 빌 브라이트(Bill Bright)와 C.C.C(Campus Crusade for Christ)에서 우리는 똑같은 패턴이 반복되는 것을 볼 수 있다.

예수님은 마태복음 16:18절에서 "내가 내 교회를 세우리니"라고 말씀하셨다. 이 패턴은 주님의 방법이며, FJT은 신자들이 예수님을 그들의 마음, 영혼, 생각과 힘을 다해 따를 수 있도록 도와준다.

트레이너 훈련

이것은 재 생산 가능한 방법으로 트레이너를 양성하는 세부사항이다. 이 섹션에서는 첫째, 유능한 제자 만들기를 사용해서 다른 사람들을 훈련한 후에 예상되는 결과들을 나눈다. 우리는 하나님께서 이러한 방식으로 여러 번 우리에게 복 주시는 것을 보았다. 우리가 당신을 훈련 과정을 제시한다. 훈련 과정은 가장 중요한 계명을 근거로 한 것으로 1) 찬양, 2)기도, 3)학습 그리고 4) 연습이다. 마지막으로, 우리가 수 많은 트레이너들을 훈련하는 과정에서 발견한 트레이너 훈련의 원리들을 나누겠다.

결과

능력 있는 제자 양육*(Making Radical Disciples)*를 끝낸 후 학습자들은 다음과 같은 것들을 할 수 있을 것이다.

- 제 생산 가능한 훈련 교제를 사용하여, 예수님에게 기초한 열 가지의 기본적인 제자양육 훈련 과목을 가르친다.

- 예수님을 따르는 사람을 묘사한 여덟 개의 뚜렷한 그림을 생각해 낸다.

- 가장 중요한 계명에 바탕을 둔 단순한 소 그룹 예배를 인도한다.

- 자신감을 갖고 능력 있는 간증을 하고, 복음도 전할 수 있다.

- 잃어버린 영혼 구원에 대한 구체적인 비전을 제시하고 사도행전 29장 지도를 사용한 신자들 훈련을 한다.

- 제자 훈련을 시작하고 (그 중 몇 그룹은 교회가 될 것입니다) 다른 사람들도 자기와 같이 하도록 훈련한다. . .

과정

각 세션은 동일한 형식을 따른다. 순서와 예상 소요 시간은 다음과 같다.

찬양

- 10분

- 한 사람에게 이 모임에 참석한 모두에게 하나님께서 복을 주시고, 인도해 주시도록 기도해 달라고 부탁하라. 그 다음에 찬송이나 찬양을 인도할 사람을 정하라. (여러분의 상황에 맞게) 악기는 선택 사항이다.

기도

- 10분

- 학습자들을 이전과 파트너를 한 적이 없는 사람과 파트너가 되도록 하라. 파트너는 아래 두 질문에 대한 답에 대해서 의견을 나누라.

    1. 구원을 받지 못한 사람들을 위해 어떻게 기도할 수 있는가?

    2. 당신이 훈련하고 있는 그룹을 위해 어떻게 기도할 수 있는가?

- 학습자가 만약 그룹을 시작하지 않았을 경우, 파트너와 함께 훈련 할 수 있는 친구와 가족의 목록을 만들고, 자신의 목록에 있는 사람들을 위하여 학습자와 기도하라.

학습

예수님 교육 시스템은 (FJT) 다음과 같은 프로세스를 사용한다: 찬양, 기도, 학습과 실습. 이 과정은 34 페이지 첫 부분에서 설명되어있는 간단한 예배 모델 (Simple Worship model)을 기반으로 한다. FJT 설명서의 10개의 레슨 강의의 '학습' 세션은 아래에 설명되어 있다.

- 30분

- 각 "학습"섹션은 "복습"을 하면서 시작한다. 그것은 그 때까지 배운 8개의 그리스도의 그림과 수업에 대한 복습이다. 훈련이 끝날 무렵, 학습자는 암기로 전 교육 과정을 외울 수 있을 것이다.

- "복습"후에, 이 교과 과정을 처음 접하는 사람이나 초보자들에게 공부가 끝난 후에 서로에게 훈련하는 시간이 있으니 집중해서 들어야 한다고 당부하라.

- 트레이너들이 수업을 제시할 때, 그들은 다음과 같은 순서를 사용해야 한다:

    1. 질문.

    2. 성경봉독.

    3. 학습자들이 질문에 대답할 수 있도록 격려.

    이 과정은 선생님이 아닌 하나님의 말씀을 삶의 권위로 삼는다. 선생님들이 너무 자주 질문을 하고, 정답을 말해주며, 성경으로 그들의 대답을 확인시켜주면 결과적으로 하나님의 말씀보다는 오히려 선생에게 권위가 주어지게 된다.

- 학습자가 만약에 질문에 틀리게 대답하더라도 정답을 말하지 말고 그에게 다시 성경을 큰 소리로 읽게 한 후 다시 답하도록 하라.

- 각 레슨은 암송구절로 끝난다. 트레이너와 학습자가 함께 서서 암송 구절 열 번 암송한다; 성경 어디에 있는 구절인지를 말한 후 구절을 암송한다. 학습자들은 성경구절을 암송할 때 처음 여섯 번은 성경이나 학생 가이드를 사용할 수 있다. 하지만 마지막 네 번은 그룹이 머리로만 성경구절을 암송한다. 마지막으로는 모두가 열 번 그 구절을 암송한 뒤에 앉는다.

실습

- 30분

- 이전에 트레이너들이 "기도"를 위해서 학습자들을 조로 나누었다. 그들의 기도 파트너는 또한 그들의 연습 파트너가 된다.

- 각 레슨에서 그 그룹을 이끌 "리더"가 될 사람을 선택하는 방법이 있다. 리더는 첫 번째로 가르칠 사람이다. 트레이너는 그룹을 이끌 지도자를 선택하는 방법을 발표한다.

- 리더들은 트레이너들을 따라 하며 자신의 파트너를 훈련해야 한다. 훈련 기간은 복습 및 새로운 수업, 그리고 성경 암송 구절로 끝나야 한다. 학습자는 서서 "암송구절"을 암송한 후 앉으면 트레이너들이 어떤 그룹들이 끝나는지 확인할 수 있다.

- 한 조에서 첫 사람이 끝나면 두 번째 사람도 그 과정을 반복하게 하여 그도 실습을 하도록 해야 한다. 그룹들이 이 과정들을 건너 뛰거나 대충 건너 뛰는 일이 없도록 살피라.

- 그들이 정확하게 당신을 따라 하고 있는지 연습하는 동안 교실을 걸어 다니면서 확인하라. 손 동작을 실패하는 것은 그들이 당신을 잘 따라 하고 있지 않다는 증거이다. 그들이 당신의 스타일을 따라 해야 한다고 반복해서 강조하라.

- 그들이 새로운 파트너를 찾아 다시 번갈아 가면서 연습 하게 하라..

마무리

- 20분

- 대부분의 세션은 실제 적용을 배우는 활동 학습으로 마친다. 학습자들에게 사도행전 29장 지도를 할 수 있도록 충분한 시간을 주고 걸어 다니며 다른 사람들에게도 아이디어를 얻도록 것을 권하라.

- 필요한 공지 사항을 광고한 후 한 사람을 지정해서 다음 세션을 위해 축복 기도를 부탁하라. 다음에는 전에 기도하지 않은 사람에게 부탁하고- 트레이닝이 끝나면 모두가 적어도 한 번 정도는 기도했을 것이다.

원리들

우리는 지난 10 년간 수천 명의 사람들을 가르치면서 다음과 같은 원칙들을 발견했다. 우리의 경험상, 이 원칙들은 문화적으로 특정하지 않다: 우리는 이 원리들이 아시아, 아메리카와 아프리카에서 통하는 것을 보았다. (아직 유럽에 대해서는 잘 모르겠다.)

- 5번의 규칙- 학습자들은 수업을 다섯 번 이상 연습하여야 다른 사람들을 가르칠 자신이 생긴다. 수업 실습에 해당하는 것은 다른 사람이 실습하는 것을 듣거나 혹은 스스로 실습하는 것이다. 그런 이유로 우리는 연습을 두 번 할 것을 권유한다. 학습자는 자기의 기도 파트너와 한번 연습하고 다른 파트너와 바꿔서 다시 한번 연습을 해야 한다.

- 적은 게 많은 것 보다 낫다- 대부분의 학습자들은 지금까지 그들이 순종한 것보다 훨씬 더 많은 지식을 같고 있다. 트레이너들 사이에서의 일반적인 실수는 그들이 학습자에

게 그들이 순종할 수 있는 것보다 훨씬 더 많은 정보를 제공하는 것이다. 이런 훈련에 장기적으로 노출되면

- 학습자들에게 너무나 많은 지식을 제공하며 지식의 양의 비해 실용적이지 못하며 제대로 응용할 수도 없다. 우리는 항상 학습자들에게 그들이 그들과 함께 휴대할 수 있는 정보의 "배낭"을 주어 적용 할 수 있도록 하지, 감당할 수 없는 "무거운 짐"을 주려고 하지 않는다.

- 학습자들은 각자 다르게 배운다- 사람들은 세 가지 스타일로 학습한다: 청각, 시각, 그리고 운동감각이다. 능률적인 재 생산적 훈련을 하려면 이 세 가지의 학습의 스타일을 모두 포함해야 한다. 그러나 대부분의 훈련은 하나 또는 두 방식에 의존한다. 우리의 목표는 그룹 전체가 변화되는 것을 보는 것이다. 그래서 우리는 누구도 학습 효과에서 제외되지 않도록 하기 위하여 이 세 가지 학습 스타일을 통합했다.

- 과정과 내용은 중요하다- 연구자들은 어른들에 있어서 많은 발전된 것들을 발견하여 우리로 하여금 사람들을 정보만 전달하는 것이 아니라 사람들을 변화되도록 교육시키게 해준다. 예를 들어, 우리가 자주 사용하는 "강의 형식은"학생들 대다수를 위해서 좋은 방법이 아니라는 것을 안다. 슬프게도, 해외에서 실행되는 대부분의 교육은 아직도 이 패턴을 따른다. 우리는 예수님 교육 시스템의 (FJT) 재현성에 집중한다- 우리의 레슨은 학습자들의 다음 세대들에게서 재현되는 능력에 따라 평가한다.

- 복습, 복습, 복습- 흔히 암기에 사용되는 다른 용어는 "가슴으로 무언가를 배우는"것입니다. 우리의 교육 시스템의 목표는 모든 사람의 마음이 변화되는 것을 보는 것이다. 결과적으로 우리의 목표 중 하나는 각 학생들마다 암기로 전체 교육 과정을 암송하는 것이다. 각 학습 시간을 시작 할 때 하는 '복습'섹션은 학습자들이 기억하도록 도와준다. 복습섹션을 생략하지 말라. 우리의 경험상, 동남 아시아에서 사는 3학년 수준의 교육밖에 받지 못한 논 농사를 짓는 농

부도 손 움직임을 사용하여 "좋은 제자 만들기"의 전체 내용을 암송할 수 있다.

- 학습 패턴을 만들라- 우리가 다른 사람들을 훈련시킬 때, 우리는 학습자의 메모리와 자신감을 도울 수 있도록 학습 패턴을 만든다. 예를 들어, 우리는 첫 번째 질문을 읽고, 성경을 읽고, 답을 알려주고 손 움직임을 가르쳐 준다. 그 후에, 우리는 두 번째 질문을 읽고 동일한 과정으로 반복한다. 그리고 우리가 세 번째 질문으로 진행하기 전에, 첫 번째 두 번째 질문과 해답을 복습하고, 또 다시 손 동작을 보여준다. 우리는 전 과정을 이런 형식으로 "학습 패턴"을 만든다. 이것은 학습자가 문맥에서 전체 강의를 이해하고 더 잘 기억하는 데 큰 도움이 된다.

- 본보기가 되라- 사람들은 다른 사람들의 행동을 보며 따라 한다. 교육은 단순히 다른 사람에게 정보를 가르치는 게 아니라 우리 스스로가 도구가 되어 사는 것이다. 하나님은 우리의 삶 속에서 일하시는 신선한 이야기들은 우리가 훈련시키는 이들에게 영감을 준다. 교육은 일이 아니라 생활이다. 교회 개척 운동에서는 이런 태도를 생활화 시킨 신자들의 그룹 속에서 직접적인 비율로 나타난다.

간소한 예배

간소한 예배는 예수님 따르는 훈련(FJT)의 핵심적인 부분이다- 제자 양육에 있어서 하나의 핵심 사항이다. 대 사명을 기초로 한 간소한 예배는 사람들에게 하나님을 자신의 온 마음과, 영혼과 정성과 힘을 다하여 사랑하는 방법을 가르친다.

우리는 온 마음으로 하나님을 사랑하기 때문에 그분을 찬양한다. 우리는 우리의 온 영혼으로 하나님을 사랑하기 때문에 그에게 기도한다. 우리는 온 정성으로 하나님을 사랑하기 때문에 성경을 공부한다. 마지막으로 우리의 온 힘으로 하나님을 사랑하기 때문에 우리가 배운 것을 연습하고 다른 사람과 그 지식을 나눈다.

하나님께서는 어디에서나 예배할 수 있다는 사실을 깨달은 동남 아시아의 소그룹들을 축복하셨다- 그들은 가정, 식당, 공원, 주일학교와 파고다에서도 예배할 수 있다는 사실을 알고 있다!

스케줄

- 4 인 그룹은 일반적으로 간단한 예배 시간을 완료하는 데는 20 분 정도 소요된다.

- 세미나 형식의 모임에서 우리는 하루를 시작할 때 그리고/점심 식사 후 간소한 예배를 예배한다.

- 처음으로 간소한 예배를 드릴 때, 당신은 그룹을 위해서 어떻게 하는지 모델을 보여주라. 예배 각 부분을 어떻게 하는지 시간을 내어 설명해주라. 당신은 첫 번째 세션에만 간소한 예배 모든 부분을 인도하라.

- 당신은 간소한 예배를 수행하는 방법을 보여준 후 각 사람에게 파트너를 선택하도록 지시하라. 보통 학습자는 친구를 선택한다.

- 모두들 자기 파트너를 골랐을 때, 그룹마다 다른 한 그룹이랑 모이라고 하라- 그러면 한 그룹당 4명이 있을 것이다.

- 모든 그룹들에게 이름을 짓게 하고 그들에게 그룹 이름을 정하도록 몇 분을 주라. 그런 후 방을 돌면서 그들의 그룹 이름이 무엇인지 각 그룹에게 물어보라. 남은 훈련기간 동안에는 그 이름들로 그룹들을 부르도록 하라..

- 매 주 단위로, 우리는 먼저 사람들에게 간소한 예배를 가르친다. 다음에 방문하면 두 세션 시간 동안 그것을 연습한다.

과정

- 사람들을 넷으로 나누어서 그룹들을 만들라.

- 각 사람은 간소한 예배의 다른 파트를 맡는다.

- 간소한 예배를 연습할 때마다 학습자들은 각 다른 파트를 번갈아 인도한다. 그러면 훈련이 끝날 무렵에는 모든 사람들이 적어도 각 파트를 두 번식 인도했을 것이다.

찬양

- 한 사람이 그룹을 인도하여 찬양이나 찬송가 중에서(상황에 맞게) 두 곡을 부르도록 하라.

- 악기가 꼭 있어야 되는 것은 아니다.

- 훈련 세션 중에 그들에게 함께 카페 테이블에 앉아있는 것처럼 의자를 배치하라고 부탁 하라.

- 각 그룹은 각각 다른 노래들을 부르도록 하는 것이좋다.

- 이 시간은 하나님을 전심으로 찬양하는 시간이기에, 어느 그룹이 가장 큰 소리로 찬양하는지를 보는 시간이 아니라고 분명히 설명하라.

기도

- 다른 사람(찬양을 인도한 사람이 아닌)이 그룹기도 시간을 인도한다.

- 리더는 각 사람들에게 기도제목을 물어보고 종이에 적는다.

- 리더는 그 기도 제목들을 가지고 다음 모임 때까지 다른 그룹 멤버들을 위해 기도하라.

- 모든 사람들이 돌아가면서 기도제목을 나눴을 때 리더는 그룹을 위해서 기도한다.

학습

- 네 그룹에서 다른 사람이 그룹 공부를 인도한다..

- 학습을 인도하는 리더는 성경 이야기를 자기 말로 다른 사람들에게 들려준다. 처음에는 복음서의 이야기를 할 것을 권한다.

- 그룹에 따라, 먼저 리더에게 성경을 읽은 후에 자기 말로 바꾸어 말해 보라고 하라. .

- 리더가 성경 이야기를 들려준 후 그룹 멤버들에게 아래에 있는 세가지 질문을 하라.

    1. 이 이야기는 우리에게 하나님에 대해서 무엇을 가르치는가?

2. 이 이야기는 우리에게 사람들에 대해서 무엇을 가르치는가?

3. 이 이야기를 통하여 예수를 따르는데 도움이 되는 무엇을 배웠나?

- 리더는 질문의 대한 토론이 시들해지는 느낌이 들 때까지 그룹과 함께 이야기를 나눈 후, 다음 질문으로 이동한다.

실습

- 네 명으로 구성된 그룹 안에서 다른 사람이 실습 시간을 인도한다.

- 실습 리더는 그룹이 수업을 복습할 수 있도록 도와주며 모든 이들이 수업을 이해하고 다른 사람들에게 가르칠 수 있도록 복습을 도와주라..

- 실습 리더는 학습 리더가 말해준 똑같은 성경이야기를 들려준다.

- 실습 리더는 학습 리더가 물어본 똑 같은 질문들을 하고 다시 그 질문들 대해서 토론한다.

마무리

- 간소한 예배 그룹은 다른 찬양이나 혹은 함께 주기도문으로 예배를 마친다..

기억해야 할 주요 원칙

- 간소한 예배에는 한 그룹에 네 명이 있으면 제일 효율적이다. 하지만 만약에 다섯 명이 한 그룹을 해야 할 경우에는 그룹을 하나만 만들라. 여섯 명이면 두 그룹을 만들라. 세 명이 있는 그룹을 두 개 만드는 것이 여섯 명 있는 그룹 하나 만드는 것 보다 낫다..

- 간소한 예배를 재현하기 위한 중요한 부분은 모든 사람이 돌아가면서 네 부분 중 하나를 실습하는 것이다. 찬양, 기도, 학습, 실습. 한 그룹에 네 사람이 있으면 새롭게 배우는 사람들을 지원하기 좋고, 또한 숫자가 많은 큰 그룹에서 가질 수 있는 심리적 부담감도 적다.

- 그룹들에게 그들의 마음의 언어로 예배하라고 격려하라. 아무도 그룹의 찬양 인도를 하지 않겠다고 하면 (그런 일이 일어날 수도 있다), 그들에게 함께 큰 소리로 시편을 읽으라고 제안하여 그룹을 도와주라.

- 실습 시간을 인도하는 사람에게 충분히 시간을 주라. 실습 시간에 책임은 간단한 예배의 재현을 돕는 것이다. 실습 시간이 없으면 그 시간은 또 다른 성경 공부 그룹으로 변하게 된다. 당신은 그것을 원하는가?

- 이미 알겠지만 간소한 예배 형식은 열 개의 예수님 따르기 훈련(FJT) 세션과 같은 과정을 사용한다.: 찬양, 기도, 공부, 그리고 실습. 중요한 차이점은 "학습" 세션의 내용이다. 능력 있는 제자 만들기가 끝날 무렵에 학습자들은 간소한 스타일의 예배 인도를 몇 번 실습했을 것이다. 우리의 기도 제목은 학습자들이 그룹을 인도하며 다른 사람들에게 간소한 예배 훈련을 전수할 수 있도록 가르치는 것이다.

제2부
훈련

1

환영합니다

환영 세션은 트레이너들과 학습자들을 소개하며 훈련이나 세미나를 시작한다. 트레이너들은 학습자들에게 예수님의 8개 사진을 다음과 같이 소개한다: 병사, 간구자, 목자, 씨 뿌리는 자, 하나님의 아들, 거룩한 분, 종, 청지기- 적당한 손 동작들과 함께. 사람들이 귀로 듣고, 눈으로 보고, 손으로 무엇을 하면서 배우기 때문에 예수님 따르기 훈련(FJT) 은 이 모든 스타일을 세션마다 사용한다.

성경은 성령님이 우리의 선생이라고 말한다. 학습자들은 성령님을 의지하며 성경을 읽도록 훈련마다 배운다. 세션의 마지막 부분은 트레이너와 학습자에게 편안한 분위기 주기 위하여 "찻집"을 열어 예수님과 제자들처럼 교제를 즐길 수 있도록 한다.

찬양

- 한 사람에게 하나님이 함께 하시고 복 주시기를 위해 기도하도록 부탁하라.

- 찬양이나 찬송가 두 곡을 부르라.

시작

트레이너들 소개

트레이너와 학습자들은 첫 모임 때 원으로 앉아야 한다. 테이블들이 놓여 있으면, 그것들을 미리 원형으로 바꾸어 놓으라.

- 트레이너들은 학습자들에게 자신이 모델이 되어 자신을 소개하는 것을 보여주라.

- 트레이너와 학습자들은 서로를 소개한다. (부록 C는 제자의 역할을 알려준다.) 그들은 서로의 이름, 그들의 가족에 대한 정보, 민족 (상황에 적절할 경우), 그리고 하나님이 이번 달 동안 그들을 어떤 식으로 축복하셨는지 나눈다.

학습자들 소개

- 학습자들을 쌍으로 나누라.

  그들에게, "여러분은 이제 나와 한 훈련생이 소개하는 방식으로 서로를 소개하세요"라고 하라.

- 그들은 파트너의 이름, 그들의 가족에 대한 정보, 민족, 그리고 하나님께서 지난달에 그들을 어떻게 축복하셨는지 알아야 한다. 그 정보들을 학생 노트에 기록하도록 하면 그 내용을 잊지 않는데 도움이 된다.

- 약 5분 후에, 학습자들은 그들이 자기 파트너에게 자기를 소개한 것처럼 똑같이 적어도 다섯 다른 파트너에게 자신들을 소개하라고 하라.

예수님 소개

"우리는 당신들에게 우리 자신을 소개했고 여러분들도 자신을 우리에게 소개했습니다. 이제 우리는 여러분들에게 예수님을 소개하기 원합니다. 성경에 나오는 많은 그림들은 예수님을 소개하지만, 우리는 그 많은 그림들 중에서 8개에만 집중할 것입니다."

성경에 나오는 예수님의 8개 사진 (사진)

- 화이트 보드에 동그라미를 그리고 그리스도의 그림을 나열하라. 학습자들이 쉽게 그림들을 말할 수 있을 때까지 순서대로 여러 번 반복해서 말하게 하라.

  "예수님께서는: 병사, 간구자, 목자, 씨 뿌리는 자, 하나님의 아들, 거룩한 분, 종, 청지기이다.

  ✋ 병사
  검을 들라.

👋 찾는 자
손으로 눈을 가르고 앞 뒤로 본다.

👋 목자
팔을 몸 쪽으로 움직여 사람을 모으는 것처럼 한다.

👋 씨 뿌리는 자
손으로 씨를 뿌린다.

👋 하나님의 아들
무엇을 먹는 것처럼 입으로 손을 이동시킨다.

👋 □□□ □
□□ □□ □□□ □ □□ □□□📄

"예수님께서는 거룩한 분이시며, 우리는 성도로 부름 받았습니다"

👋 종
망치를 휘두른다.

👋 청지기
옷 주머니나 지갑에서 돈을 꺼낸다.

"그림은 천 단어의 가치가 있다. 이 성경적인 그림들은 당신이 예수와 걷는 삶에 대해서 깊은 통찰력을 줄 것이다. 그림은 우리에게 명확한 비전과 언제, 어떻게 예수님께서 일하시는지 깨닫게 해준다.

"어떤 아버지가 신문을 읽고 있었는데 그의 젊은 아들이 놀아 달라고 하며 아빠를 방해 했습니다. 아들이 계속 징징대자 아버지는 신문지 한 면을 조각들로 잘라서 퍼즐을 만들었습니다. 그는 조각들을 아들에게 주며, 퍼즐을 맞추면 놀아주겠다고 말했습니다.

아버지는 아들이 그 퍼즐을 맞추기까지 오랜 시간이 걸릴 것이라고 믿었고 자기가 읽고 있던 신문의 나머지 부분을 읽을

환영합니다 45

수 있도록 충분한 시간을 번 줄 알았습니다. 하지만 아들은 '퍼즐을' 10분 안에 완성한 후 돌아왔습니다. 아버지가 아들에게 어떻게 그렇게 빨리 퍼즐을 맞추었는지 묻자 아들은 대답했습니다, '쉬웠어요." 아들은 뒷면에 그림이 있었다고 설명하고 사진을 맞추니까 뒷면에 있는 글들도 다 맞추어졌다고 답했습니다."

"예수님의 8개의 그림들은 당신이 예수님과 동행할 수 있도록 분명한 비전을 줄 것입니다."

"사람을 따른다는 것은 다른 사람이 하는 대로 행동 하는 것을 의미합니다. 장사를 배우기 원하는 사람은 자신의 고용주를 따라야 합니다. 학생들은 그들의 선생님들 같이 됩니다. 우리 모두는 누군가를 모방 합니다. 우리가 모방하는 사람이 훗날 우리가 될 사람입니다. 우리는 훈련 시간에 질문을 하고, 성경에서 답을 찾고, 예수님께서 어떻게 사셨는지 배우고 또한 우리도 예수님처럼 살도록 따라 할 것입니다."

우리가 가장 잘 배울 수 있는 세 가지 방법은 무엇일까?

'"사람들은 세가지 방법으로 배웁니다. 모든 사람들은 이 세가지 방법을 사용하지만 이 세가지 방법 중에서도 가장 효율적인 한 가지를 택하는 경향이 있습니다. 이 훈련에서는 사람이 배우는 세가지 방법을 모두 사용할 것입니다. 왜냐하면 사람들마다 가장 효율적으로 배우는 방법이 다르기 때문에 당신은 당신에게 가장 적합한 방법을 사용하여 배우는 내용들을 습득하면 됩니다".

"어떤 사람들은 듣고 제일 잘 배웁니다. 그러기 때문에 우리는 성경을 소리 내여 읽고 질문도 소리 내어서 읽을 것입니다."

듣기
🖑귀에 손을 대고 컵 모양을 만들라.

"어떤 사람들은 보고 제일 잘 배웁니다. 그러기 때문에 우리는 그림과 드라마를 통하여 중요한 진리를 설명할 것입니다.

   ✋보기
   손가락으로 눈을 가리키라..

"어떤 사람들은 무엇을 하면서 제일 잘 배웁니다. 그래서 우리가 말하는 것과 실습하는 것을 잘 배우도록 하기 위해서 당신은 손으로 하는 활동을 할 것입니다.

   ✋실행
   손으로 굴리는 동작을 하라.

"듣기, 보고, 그리고 손으로 무엇을 하는 것이 우리에게 세 가지 중요한 선생입니다. 성경은 성령님이 우리의 선생이라고 합니다. 세미나 기간 동안 성령님을 의지하면서 수업을 배우십시오. 성령님이 최고의 선생입니다. "

마무리

찻집을 열었습니다! ☙

"당신은 어느 장소를 더 좋아합니까: 학교 교실? 친구와 함께 찻집(혹은 커피숍)?

"우리는 교실에서 좋은 것들을 많이 배우고 우리는 선생님을 존중해야 합니다. 그러나 우리가 친구, 가족, 그리고 마을에 대해 배우는 대부분은 찻집에서입니다. 예수님께서 이 땅에 사셨을 때도 이것은 사실이었습니다. "

> -누가복음 7:31-35- 또 이르시되: 이 세대의 사람을 무엇으로 비유할까? 무엇과 같은가? 비유하건대 아이들이 장터에 앉아 서로 불러 이르되 우리가 너희를 향하여 피리를 불어도 너희가 춤추지 않고 우리가 곡하여도 너희가 울지 아니하였다 함과 같도다 세례 요한이 와서 떡도 먹지 아니하며 포도주도 마시지 아니하매 너

희 말이 귀신이 들렸다 하더니 인자는 와서 먹고 마시매 너희 말이 보라 먹기를 탐하고 포도주를 즐기는 사람이요 세리와 죄인의 친구로다 하니 지혜는 자기의 모든 자녀로 인하여 옳다 함을 얻느니라.

"우리는 찻집이 더 편안합니다. 예수님께서 오늘날 이 세상에 사셨다면, 아마 찻집 혹은 커피숍에서 시간을 보내셨을 것입니다. 그는 처음 세상에 왔을 때 이 패턴을 따라갔습니다. 그런 이유로 우리는 이 세미나실을 찻집으로 바꿀 것이다."

- 이 시점에 학습자들에게 차, 커피, 또는 다과를 제공하라.

"찻집을 열었습니다!"의 목표는 훈련장의 분위기를 편안하게 만들고 학습자들의 긴장을 풀어주는 것이다. 즉, 예수님이 제자들을 훈련한 분위기 가까운 환경에서 학습자들을 훈련시키는 것이다.

훈련 시간 중 점검 사항…

- 융통성을 가지라-짜인 일정을 지키도록 노력하라. 하지만 융통성을 가지고 하나님이 학습자들의 삶 속에서 행하시는 일에 참여하라.

- 실습과 책임 강조하라- 당신이 가르친 후에 학습자들이 배운 것을 서로에게 가르치는 실습하는지 확인하라! 실습이 없이는 다른 사람들을 훈련시킬 자신감이 생기지 않는다. 수업 시간을 줄이는 것이 실습 시간을 줄이는 것보다 낫다. 실습과 책임감이 배가 운동의 중요한 부분입니다.

- 리더십에 모든 사람을 포함시키라- 수업의 마침 기도를 매번 다른 사람에게 부탁하라. 훈련이 끝 날 때쯤 되면 모든 사람이 적어도 한번쯤은 기도했어야 된다. 학습자들은 소그룹 시간에 돌아가면서 간소한 예배의 한 파트를 인도해야 한다.

- 각 학습자의 은사를 인지하고 일을 맡겨라- 참가자들이 훈련에서 자신의 은사를 사용할 수 있도록 도와주라. 학습자

들이 훈련기간 동안 음악, 접대, 기도, 교육, 유머, 서비스, 등 자신들이 재능이 있는 곳에 섬기도록 하라.

- 복습, 복습, 또 복습- 수업의 첫 부분에 하는 복습 시간을 건너뛰지 말라. 훈련이 끝날 쯤 되면 모든 학습자들은 모든 질문, 정답 그리고 손동작을 재현 할 수 있어야 한다. 당신이 그들을 훈련시킨 것처럼 학습자들에게 서로를 훈련 하라고 말하라. 또한 그들은 수업마다 그들이 훈련시키는 이와 함께 복습을 해야 한다.

- 평가할 준비를 하라- 학습자 이해가 못하는 훈련의 과정이나 그들이 물어보는 질문들을 수업마다 메모하라. 이 메모는 나중에 평가하는 시간에 당신과 당신의 제자에게 큰 도움이 될 것이다.

- 간소한 예배 시간들을 건너뛰지 말라- 간소한 예배 시간은 훈련 과정의 필수적인 부분이다. 학습자들이 간소한 예배 인도를 편안히 할 수 있을 때에 그들은 자신감을 얻어 훈련을 마친 후 그들이 따로 모임을 시작해서 인도 할 수 있을 것이다.

2

증가

증가 파트에서는 예수님을 청지기로 소개한다. 청지기들은 그들의 시간과 보물에서 수익이 있기를 원하고, 또한 그들은 성실하게 살기 원한다. 학습자들은 1) 하나님께서 사람에게 주신 첫 계명, 2) 예수님께서 사람에게 주신 마지막 계명, 3) 222 법칙 4) 갈릴리 바다와 사해 사이의 차이점 들을 탐험하면서 열매가 풍성한 비전을 갖게 된다.

    수업은 "복종" 혹은 열매를 맺을 때의 다른 점, 제대로 된 훈련과 그저 적당히 가르치는 것의 차이를 보여주는 활동 학습을 위한 드라마로 끝난다. 트레이너들은 학습자들이 다른 사람들에게 찬양, 기도, 하나님 말씀 공부와 복음전파 하는 훈련을 하도록 도전하라. 이 소중한 시간, 보물, 그리고 성실의 투자를 통해 학습자들은 천국에서 만날 예수님께 놀라운 선물을 드릴 수 있을 것이다.

찬양

- 한 사람에게 하나님이 함께 하시고 복 주시기를 위해 기도하도록 부탁하라.

- 찬양이나 찬송가 두 곡을 부르라.

기도

- 학습자들을 파트너를 안 해본 사람과 함께 짝을 지어 그룹을 만들게 하라.

- 각 학습자는 자신의 파트너와 다음 질문에 대답하라: 당신을 위해 무슨 기도를 할까요?

- 파트너들과 함께 기도하라.

공부

복습

각 복습 시간은 동일하다. 학습자들에게 이 전에 배운 수업들을 서서 암송하라고 하라. 그들이 손 동작을 하는지도 확인하라.

우리가 예수님처럼 사는데 도움이 되는 8개 그림이 무엇인가?

병사, 찾는자, 목자, 씨 뿌리는 자, 하나님의 아들, 거룩한 분, 종, 청지기

우리의 영적 삶은 풍선과 같다 ☙

- 풍선을 들고 그룹에게 보여주며 설명하라.

  "우리의 영적인 삶이 풍선과 같다."

- 풍선을 불면서 우리는 하나님께로부터 복을 받고 있다고 설명하라.

  풍선에서 공기를 빼며 말하라.

  "하나님께서 우리에게 많은 것을 주시기 때문에 우리도 다른 사람에게 주어야 합니다. 우리가 복 받은 것은 우리가 다른 사람을 위한 복이 되기 위해서입니다."

- 공기를 "넣었다가 빼는" 것을 몇 번 반복하여 영적 삶에서도 들어온 것이 나가야 함을 깨닫게 하라.

"우리의 대부분은 받은 것을 다시 주지 않고 자신을 위해서 모아둡니다. 아마 우리는 다른 사람에게 줄 경우에 하나님이 다시 채워주지 않을 것이라고 생각할 것입니다. 어쩌면 우리가 남들에게 주는 것이 너무 힘들지도 모릅니다."

- 풍선을 계속 불어라, 그러나 주기적으로 당신이 느끼는 "죄책감" 때문에 약간 공기를 빼라. 하나님께서 당신에게 많은 것을 주셨는데, 당신은 다른 사람들에게 많이 주지 않았다. 마지막으로 풍선이 터질 때까지 불도록 하라.

"우리의 영적인 삶은 이런 모습과 같습니다. 어떤 사람에게 무엇을 배웠으면 우리도 배운 것을 남에게 가르쳐야 합니다. 우리가 복을 받았으면 우리도 남을 축복해야 합니다. 이렇게 하지 않으면, 우리의 영적인 삶에 큰 문제가 될 것입니다! 우리가 받은 것을 주지 않는 것은 우리가 영적인 삶에서 확실하게 패배하는 지름 길입니다."

예수님을 닮는다는 것은?

-마태복음 6:20-21- 오직 너희를 위하여 보물을 하늘에 쌓아 두라 거기는 좀이나 동록이 해하지 못하며 도둑이 구멍을 뚫지도 못하고 도둑질도 못하느니라 네 보물 있는 그 곳에는 네 마음도 있느니라.

"예수님은 청지기입니다. 예수님은 다른 주제보다 돈과 소유와 우리의 우선 순위에 대해서 말씀하십니다. 청지기로서 예수님은 우리에게 많은 것을 투자 하시고 많은 이윤을 남기시길 원합니다."

청지기
✋호주머니나 지갑에서 돈을 꺼내는 액션을 하라.

청지기가 하는 세 가지 일은 무엇인가?

-마태복음 25:14-28- 또 어떤 사람이 타국에 갈 때 그 종들을 불러 자기 소유를 맡김과 같으니 각각 그 재

능대로 한 사람에게는 금 다섯 달란트를, 한 사람에게는 두 달란트를, 한 사람에게는 한 달란트를 주고 떠났더니 다섯 달란트 받은 자는 바로 가서 그것으로 장사하여 또 다섯 달란트를 남기고 두 달란트 받은 자도 그같이 하여 또 두 달란트를 남겼으되 한 달란트 받은 자는 가서 땅을 파고 그 주인의 돈을 감추어 두었더니 오랜 후에 그 종들의 주인이 돌아와 그들과 결산할새 다섯 달란트 받았던 자는 다섯 달란트를 더 가지고 와서 이르되 주인이여 내게 다섯 달란트를 주셨는데 보소서 내가 또 다섯 달란트를 남겼나이다 그 주인이 이르되 잘하였도다 착하고 충성된 종아 네가 적은 일에 충성하였으매 내가 많은 것을 네게 맡기리니 네 주인의 즐거움에 참여할지어다 하고 두 달란트 받았던 자도 와서 이르되 주인이여 내게 두 달란트를 주셨는데 보소서 내가 또 두 달란트를 남겼나이다 그 주인이 이르되 잘하였도다 착하고 충성된 종아 네가 적은 일에 충성하였으매 내가 많은 것을 네게 맡기리니 네 주인의 즐거움에 참여할지어다 하고 한 달란트 받았던 자는 와서 이르되 주인이여 당신은 굳은 사람이라 심지 않은 데서 거두고 헤치지 않은 데서 모으는 줄을 내가 알았으므로 두려워하여 나가서 당신의 달란트를 땅에 감추어 두었었나이다 보소서 당신의 것을 가지셨나이다 그 주인이 대답하여 이르되 악하고 게으른 종아 나는 심지 않은 데서 거두고 헤치지 않은 데서 모으는 줄로 네가 알았느냐 그러면 네가 마땅히 내 돈을 취리하는 자들에게나 맡겼다가 내가 돌아와서 내 원금과 이자를 받게 하였을 것이니라 하고 그에게서 그 한 달란트를 빼앗아 열 달란트 가진 자에게 주라."

1. 청지기들은 자신들의 재산을 지혜롭게 투자한다.

   "예수님께서는 주인의 돈을 맡은 세 명의 종에 대하여 이야기하셨습니다. 셋 중에서 두 명은 주인의 돈을 지혜롭게 투자하였습니다."

2. 청지기들은 자신들의 시간을 지혜롭게 투자한다.

"예수님께서는 우리가 하나님의 나라를 우리의 인생의 최우선으로 삼기를 바라십니다."

3. 청지기들은 성실하게 산다.

"예수님은 우리의 삶에 맡겨진 조금한 일들에서 성실함을 보시면 우리에게 더 큰 것들을 맡겨주십니다."

"예수님께서는 청지기이시고 우리 안에 계십니다. 우리가 그를 따를 때 우리도 청지기가 됩니다. 우리는 우리의 재물과 시간을 지혜롭게 투자하고 성실하게 살 겠습니다."

하나님이 사람에게 처음으로 명령한 게 무엇입니까?

-창세기 1:28- 하나님이 그들에게 복을 베푸셨다. 하나님이 그들에게 말씀하기를 "생육하고 번성하여 땅에 충만하여라. 땅을 정복하여라. 바다의 고기와 공중의 새와 땅 위에서 살아 움직이는 모든 생물을 다스려라" 하셨다.

"하나님께서는 모든 사람에게 생육하고 번성하며 자녀를 낳으라고 하셨습니다."

예수님께서 사람에게 주신 마지막 명령은 무엇인가?"

-마가복음 16:15- 또 이르시되 너희는 온 천하에 다니며 만민에게 복음을 전파하라.

"예수님께서는 제자들에게 번식하며 영적인 자녀를 낳으라고 하셨습니다."

열매를 맺고 풍성해지는 법은?

-디모데후서 2:2- 그대가 많은 증인 앞에서 나에게서

들은 것을 믿음직한 사람들에게 전하십시오. 그러면 그들이 다른 사람들을 또한 가르칠 수 있을 것입니다.

"우리는 우리가 훈련 받은 대로 다른 사람들을 훈련시킬 때 하나님께서는 우리 인생을 풍성케 하십니다. 우리는 이것을 '222 원칙'이라 부릅니다. 예수님께서는 자신을 바울에게 드러내셨습니다. 바울은 디모데를 훈련시켰습니다. 디모데는 다른 신실한 사람들을 훈련시켰습니다. 이 과정은 역사를 통해 계속 반복됐습니다... 어느 날 누군가가 당신과 예수님에 대해서 나누는 날까지!"

갈릴리 바다/ 사해 ⊗

- 단계별로 다음 페이지에 있는 그림을 그리라. 그림을 그리면서 그림의 각 부분을 설명해 주라. 다음 페이지에 그려져 있는 그림이 완성된 그림이다.

    "이스라엘에 두 개의 바다가 있다. 그 두 바다의 이름을 아는가?

    (갈릴리 바다와 사해)

- 두 개의 원을 그리라. 작은 원을 큰 원 위에 그리라. 두 원을 선으로 이으라. 작은 원의 위쪽으로 선을 그리라. 두 바다의 이름을 표시하라.

    "한 강이 갈릴리 바다와 사해를 연결시켜 준다. 그 강의 이름을 아는가?

    (요르단 강)

    (그림)

증가   55

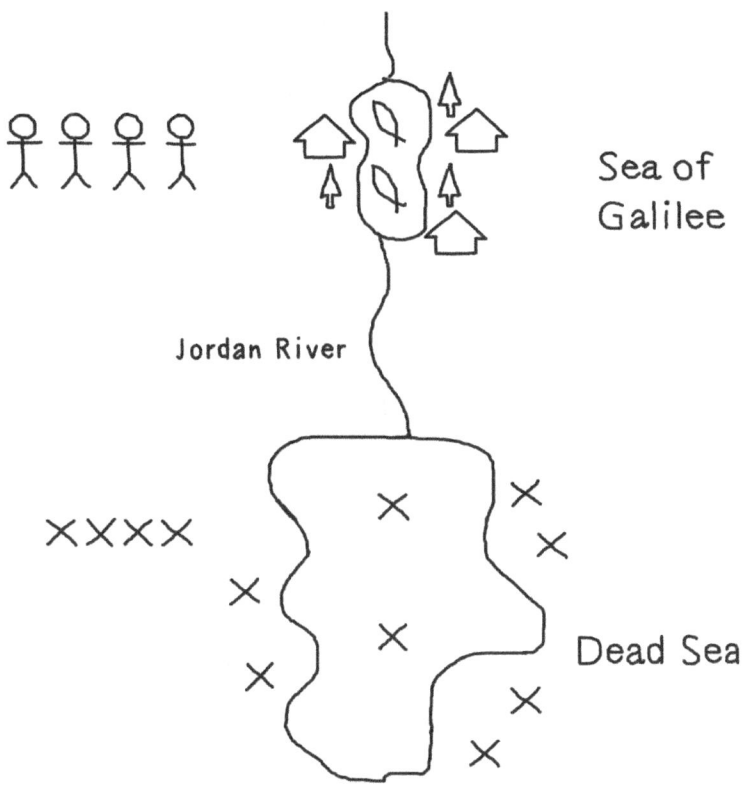

- 강을 표시하라.

  "갈릴리 바다와 사해는 다릅니다. 갈릴리 바다는 고기가 많습니다.

- 갈릴리 바다에 많은 고기를 그려라.

  "사해에는 고기가 없습니다."

- 사해에는 X표를 몇 개 그려라.

  "갈릴리 바다 근처에는 많은 나무가 자라고 있습니다."

- 갈릴리 바다 주위에 나무를 몇 개 그려라.

  "사해 주위에는 나무가 없습니다."

- 사해 주위에 X표를 몇 개 그려라.

    "갈릴리 바다에는 마을이 많이 있습니다."

- 갈릴리 바다 주위에 집을 몇 개 그려라.

    "사해에는 마을이 없습니다."

- 사해 주위에 X표를 몇 개 그려라.

    "네 명의 유명한 사람들이 갈릴리 바다 근처에 살았습니다. 그들의 이름을 아나요?

    (베드로, 안드레, 야고보, 요한)

- 갈릴리 바다 주위에 네 명이 사람을 그려라.

    "사해 근처에는 유명한 사람들이 살지 않았습니다."

- 사해 옆에 X표를 네 개 그려라.

    "왜 사해는 '죽었고' 갈릴리 바다는 '살아 있을까요'?"

    (그 이유는 갈릴리 바다는 물이 들어오고 나가기도 하지만 사해는 물이 들어오기만 하기 때문이다.)

    "이 그림은 우리의 영적인 삶의 그림입니다. 우리는 복을 받았을 때 다른 이들에게 복을 줘야 합니다. 우리가 배웠으면, 우리도 다른 사람들을 가르쳐야 합니다. 그러면 우리도 살아있는 갈릴리 바다 같을 것입니다. 우리가 자신만을 위해서 가지고 있으면 우리는 죽은 사해와 같을 것입니다."

    "어느 바다가 되기 더 쉽겠습니까? 사해 아니면 갈릴리 바다? 많은 사람들은 사해와 같습니다. 왜냐하면 그들은 받기를 원하지 주기를 원하지 않습니다. 그러나 예수님을 따르는 자들은 갈릴리 바다와 같습니다. 예수님은 하나님께로부터 받은 것들을 다른 사람들에게 나누어 주었습니다. 우리가 다른 사람들을 훈련시키고 그들이 또 다른 사람들을 훈련시킬 때 우리는 예수님의 모범을 따라 하는 것입니다.

"당신은 어떤 바다가 되고 싶습니까? 나는 갈릴리 바다가 되고 싶습니다."

암송구절

-요한복음 15:8- 너희가 열매를 많이 맺으면 내 아버지께서 영광을 받으실 것이요 너희는 내 제자가 되리라.

- 모든 사람은 일어나서 암송구절을 열 번 암송하라. 처음 여섯 번 할 때 학습들은 성경이나 학생노트를 사용해도 된다. 마지막 네 번 할 때는 암기로 만 해야 한다. 학습자들은 성경을 암송하기 전에 매번 성경구절을 말해야 하며 다 끝난 후에는 앉으면 된다.

- 이렇게 하면 어떤 팀들이 "실습"부분을 마쳤는지 트레이너들이 알 수 있다.

실습

- 학습자들에게 파트너와 마주보고 앉으라고 하라.

  파트너들은 번갈아 가면서 서로 가르치라.

  "가장 나이가 적은 사람이 팀의 리더가 된다."

- 이것은 단순히 그들이 먼저 훈련을 시키는 것이다.

- 27페이지에 있는 트레이너 훈련 과정을 따라 하라.

- 그들에게 학습 부분에 있는 모든 것을 당신이 가르친 대로 똑같이 하라고 하라. ..

    "내가 여러분들과 한 것처럼 똑같이 질문들을 하고, 함께 성경을 읽고, 질문에 답하도록 하세요."

    "앞에 그렸던 갈릴리 바다와 사해 그림을 그리고 내가 당신에게 한 그 방법대로 성구를 암송하십시오."

    "각 사람은 갈릴리 바다와 사해를 그릴 때마다 새 종이를 써야 합니다."

- 서로에게 레슨을 가르친 후, 학습자들에게 파트너를 바꿔서 또 번갈아 가면서 레슨을 가르치라고 하라. 그것을 완료하면 학습자들에게 훈련을 마친 후 이 수업을 가르쳐줄 다른 사람 한 명을 생각하라고 하라. 그들의 이름을 과목 첫 페이지 맨 위에 적으라고 하라.

마무리

예수님을 위한 선물 ❧

- 촌극을 도와줄 지원자가 있는지 물어보라.

- 지원자를 방 한쪽에 세우시고 당신은 방 반대편 쪽에 서 있으라.

    "나와 지원자 둘 다 똑같은 영적 성숙에 있다고 상상하라."

    ✋찬양
    두 손을 들어 하나님을 찬양하라

    ✋기도
    두 손을 기도하는 것처럼 모으라..

✋성경 공부
  두 손바닥을 성경 읽는 것처럼 위로 펴라..

✋예수님을 다른 사람들에게 전하라.
  씨 뿌리는 것처럼 손을 내 밀어라..

- 우리 두 사람의 영적인 상태는 단 한가지 차이만 빼고 똑같음을 강조하라.

  "우리의 차이점은 이것입니다. 그(혹은 그녀)는 자기들이 전도한 사람들이 또 다른 사람들을 훈련시키도록 훈련하는 것입니다. 나는 단지 내가 예수님께로 인도한 사람만을 훈련합니다. 나는 그들이 또 다른 사람들을 훈련시키도록 훈련하지 않습니다."

  "나는 이제 훈련이 만드는 차이점을 보여드리고 싶습니다."

- 당신과 지원자는 매년 한 사람을 예수님께로 인도한다고 설명하라.

- 당신과 지원자 둘 다 청중들이 있는 곳에 가서 한 사람을 데리고 자기가 서 있던 곳으로 돌아가라. 그리고 데리고 온 사람과 함께 서 있으라.

  "보이는 것처럼 1년 후에는 아무런 차이가 없습니다. 내 옆에도 한 사람이 있고 지원자 옆에도 한 사람이 있습니다."

- 하지만 지원자만 그가 전도한 사람에게 훈련을 시킨다. 위와 같은 손동작을 하세요; 다음에는 둘 다 같이 손동작을 하게하라. 당신은 혼자 손동작을 하라.

  "2년 째는 어떻게 되었는지 보세요. 지원자와 나는 둘 다 한 사람씩 전도하여 예수님께로 인도했습니다. 한가지 차이점은 그는 전도한 사람도 같이 하도록 훈련했습니다. 그래서 올해는 나도 한 사람을 얻었고, 다른 그룹에 있는 그들도 한 사람씩 얻었습니다."

- 당신과 훈련생은 다시 청중에게로 가서 다른 제자들을 선택했다. 그리고 그 훈련생의 제자도 또 다른 제자를 얻었다.

    "보시다시피 2년까지는 별로 차이가 없습니다. 나도 두 사람이 있고, 그는 세 사람이 있을 뿐입니다."

- 다시 지원자와 그 와 함께 있는 세 사람은 손 동작을 한다. 하지만 당신 그룹에서는 손 동작을 하는 사람이 당신 혼자 뿐이다.

- 그 훈련장 안에 있는 모든 사람들이 선택될 때까지 이렇게 "몇 년"만 지나보라. 매번 당신은 혼자 손 동작을 하고 새롭게 믿는 사람들에게는 찬양과 기도와 하나님의 말씀을 공부하며, 새로운 소식들을 나누라고 말만하고 그들이 그렇게 하도록 훈련은 하지 말라.

- 어느 정도 지나면 당신에게 사람이 모자랄 것이다. 그러면, 사람들에게 다른 제자들을 얻을 수 없으면 양손을 들어 두 사람인 것처럼 하라고 말하라.

- 5년이 지나면, 학습자들은 지원자들에 의해서 배운 사람들의 숫자와 당신에게 배운 사람들의 숫자를 비교해 보면서 놀랄 것이다. 당신은 반복해서 당신의 제자들을 사랑하며 그들이 강하기를 바라서 많은 것을 가르치지만 그들이 다른 사람들을 훈련 하도록 훈련하진 말라.

    "당신이 하늘나라에 가면, 당신을 위해서 십자가에 달리신 주님을 위해서 무슨 선물을 드릴 것입니까?- 나처럼 겨우 몇 사람들입니까? 아니면 다른 사람처럼 수 많은 제자들입니까?"

- 교실 반대편에 있는 지원자를 가리키세요.

"하나님께서는 우리에게 생육하고 번성하라고 명령하셨습니다. 나도 예수님처럼 다른 사람들을 훈련시키는 사람들을 훈련시키고 싶습니다. 저는 예수님께 다른 사람들을 훈련시키는 사람들을 많이 선물로 드리고 싶습니다."

- 모든 사람이 승리자가 될 수 있도록 그룹들끼리 모여서 서로를 훈련시키라고 하라. 활동 학습을 도와준 지원자에게 수업을 기도로 마무리 해달라고 부탁하라.

3

사랑

사랑은 예수님을 목자로 소개시킵니다. 목자들은 인도하고, 보호하고, 양떼를 먹인다. 우리는 사람들에게 하나님의 말씀을 가르칠 때 그들을 "먹인다." 하지만 우리가 그들에게 하나님의 대해서 처음 가르쳐야 할 것은 무엇일까? 학습자들은 가장 중요한 계명을 배우고, 사랑의 근원이 누구에서부터 오는지 확인하고, 중요한 계명을 근거로 어떻게 예배를 드리는지 배울 것이다.

학습자들은 네 가지 방법을 사용해 간단한 제자 그룹을 인도한다. 찬양 (하나님을 온 마음으로 사랑하는 것), 기도 (하나님을 온 영혼으로 사랑하는 것), 성경공부 (하나님을 온 뜻으로 사랑하는 것), 그리고 배운 것을 연습하는 것 (하나님을 온 힘으로 사랑하기 위해서). "양과 호랑이"라는 마지막 촌극은 신자들 사이에 왜 많은 제자 그룹이 필요한지 보여준다.

찬양

- 한 사람에게 하나님이 함께 하시고 복 주시기를 위해 기도하도록 부탁하라.

- 찬양이나 찬송가 두 곡을 부르라.

기도

- 학습자들을 파트너를 안 해본 사람과 함께 짝을 지어 그룹들을 만들라.

- 각 학습자는 다음의 질문에 대한 답을 서로에게 공유하라.

    1. 우리가 당신이 알고 있는 구원받지 못한 사람들이 구원 받도록 어떻게 기도할까요?

    2. 당신이 훈련시키는 그룹을 위해 우리가 어떻게 기도할까요?

- 만약에 파트너가 다른 사람을 훈련 시키는 일을 시작하지 않았으면 그의 주변에 있는 가능한 사람 중에서 훈련을 시킬 수 있도록 기도하라.

- 파트너와 함께 기도하라..

학습

복습

각 복습 시간은 동일하다. 학습자들에게 이 전에 배운 수업들을 서서 암송하라고 하라. 그들이 손 동작도 꼭 하도록 하라.

우리가 예수님처럼 사는데 도움이 되는 8개 그림이 무엇인가?

병사, 찾는자, 목자, 씨 뿌리는 자, 하나님의 아들, 거룩한 분, 종, 청지기

증가

청지기가 하는 세가지 일은 무엇인가?

하나님이 인간에게 준 첫 계명은 무엇인가?

예수님이 인간에게 준 마지막 계명은 무엇인가?

나는 어떻게 생육하고 번성할 수 있는가?

이스라엘에 있는 *2개 바다의 이름은 무엇인가?*

그들은 왜 그렇게 다른가?

당신은 어떤 바다가 되고 싶은가?

예수님은 어떤 분이셨는가?

-마가복음 6:34- 예수께서 배에서 내려서 큰 무리를 보시고, 그들이 마치 목자 없는 양과 같으므로, 그들을 불쌍히 여기셨다. 그래서 그들에게 여러 가지로 가르치기 시작하셨다.

"예수님께서는 좋은 목자이셨습니다. 그는 큰 무리를 보시고, 그들의 문제들을 보았으며, 그들을 하나님의 방법으로 가르치기 시작하셨습니다. 그는 우리 안에 계시며 우리의 삶을 통해서 같은 일을 하기 원하십니다.

🖐️목자
손을 몸 쪽으로 움직여 사람을 모으는 시늉을 하라.

목자가 하는 세 가지 일은 무엇입니까?

-시편 23:1-6- 주님은 나의 목자시니, 내게 아쉬움 없어라. 나를 푸른 풀밭에 누이시며 쉴 만한 물 가로 인도하신다. 내 영혼을 소생시키시고, 당신의 이름을 위하여 의의 길로 나를 인도하신다. 내가 비록 1)죽음의 그늘 골짜기로 다닐지라도, 주께서 나와 함께 계시고, 주의 지팡이와 막대기로 나를 위로해 주시니, 내게는 두려움이 없습니다. 주께서는, 내 원수들이 보는 앞에서 내게 상을 차려 주시고, 내 머리에 기름 부으시어 나를 귀한 손님으로 맞아 주시니, 내 잔이 넘칩니다. 진실로, 주님의 선하심과 인자하심이 내가 사는 날 동안 나를 따르리니, 나는 주의 집에서 영원토록 살겠습니다.

1. 목자들은 자기 양떼를 옳은 길로 인도한다.

2. 목자들은 자기 양떼를 지킨다.

3. 목자들은 자기 양떼를 먹인다.

"예수님께서 목자이시기 때문에 우리도 그를 따를 때 목자들이 될 것이다. 우리는 사람들을 예수님께로 인도하고, 악에서 지키고, 하나님의 말씀을 먹일 것이다.

사람들에게 가르칠 가장 중요한 계명은 무엇인가?

-마가복음 12:28-31- 서기관 중 한 사람이 그들이 변론하는 것을 듣고 예수께서 잘 대답하신 줄을 알고 나아와 묻되 모든 계명 중에 첫째가 무엇이니이까 예수께서 대답하시되 첫째는 이것이니 이스라엘아 들으라 주 곧 우리 하나님은 유일한 주시라 네 마음을 다하고 목숨을 다하고 뜻을 다하고 힘을 다하여 주 너의 하나님을 사랑하라 하신 것이요 둘째는 이것이니 ㅁ)네 이웃을 네 자신과 같이 사랑하라 하신 것이라 이보다 더 큰 계명이 없느니라.

하나님을 사랑하라

✋두 손을 하나님을 향해 위로 드세요.

사람을 사랑하라

✋두 손을 다른 사람들을 향해 뻗으세요.

사랑은 어디서 오는가?

-요한일서 4:7,8- 사랑하는 자들아 우리가 서로 사랑하자 사랑은 하나님께 속한 것이니 사랑하는 자마다 하나님으로부터 나서 하나님을 알고 사랑하지 아니하는 자는 하나님을 알지 못하나니 이는 하나님은 사랑이심이라.

사랑은 하나님께로부터 온다.

"그러므로 우리는 하나님께로부터 사랑을 받고 그분께 사랑을 다시 돌려드립니다."

🖐사랑을 받는 것처럼 두 손을 하늘을 향해 들고 그 사랑을 다시 하나님께 돌려 드리라.

"우리는 하나님께로부터 사랑을 받고, 그 사랑을 다른 사람들에게 나누어 줍니다."

🖐사랑을 받는 것처럼 두 손을 하늘을 향해 들고 다음에는 다른 사람들에게 사랑을 나누어 주듯 두 손을 뻗으라.

간소한 예배는 무엇일까요?

🖐찬양
두 손을 들어 하나님께 찬양하라

🖐기도
두 손을 기도하듯 모으라

🖐학습
두 손바닥을 성경 읽는 것처럼 위로 펴라.

🖐실습
마치 씨를 뿌리듯 손을 움직여라.

왜 우리는 간소한 예배를 드리는가?

-마가복음 12:30- 네 마음을 다하고 목숨을 다하고 뜻을 다하고 힘을 다하여 주 너의 하나님을 사랑하라 하신 것이요.

- 간소한 예배 과정을 학습자들과 복습하라. 간소한 예배의 모든 부분은 마가복음 12:30에 있는 가장 큰 계명을 지킬 수 있도록 도와준다.

- 이 수업은 간소한 예배의 목표를 설명해준다. 학습자들과 함께 손 동작들을 몇 번 연습하라.

"우리는 온 마음으로 하나님을 사랑하기 때문에 그를 찬양합니다. 우리는 온 영혼으로 하나님을 사랑하기 때문에 하나님께 기도 드립니다. 우리는 온 뜻으로 하나님을 사랑하기 때문에 하나님의 말씀을 공부합니다. 우리는 온 힘으로 하나님을 사랑하기 때문에 우리가 배운 것을 연습합니다.

우리는…	그래서 우리는…	손동작
마음을 다해 하나님을 사랑합니다.	찬양 합니다.	손을 가슴에 얹었다가 두 손을 하늘로 향해 들어 하나님께 찬양하라.
온 영혼으로 하나님을 사랑합니다	기도 합니다.	옆구리에 두 손을 얹었다가 기도하듯 두 손을 모으라.
뜻을 다하여 하나님을 사랑합니다.	공부 합니다.	생각을 하듯 손을 머리 오른편에 얹고, 책을 읽는 시늉으로 손바닥을 하늘을 향해 들라.
힘을 다해 하나님을 사랑합니다.	우리가 배운 것을 다른 사람들에게 나눕니다. (실습)	두 팔을 올리고 씨를 뿌리듯이 손을 내밀라.

간소한 예배를 드리기 위해서 몇 명이 필요할까?

-마태복음18:20- 두세 사람이 내 이름으로 모이는 자

리에는, 내가 그들과 함께 있다."

"예수님께서는 두 세 사람의 신자가 모인 곳에 그들과 함께 있겠다고 하셨습니다."

암송구절

-요한복음 13:34, 35- 이제 나는 너희에게 새 계명을 준다. 서로 사랑하여라. 내가 너희를 사랑한 것 같이, 너희도 서로 사랑하여라. 너희가 서로 사랑하면, 모든 사람이 그것으로써 너희가 내 제자인 줄을 알게 될 것이다."

- 모든 사람은 일어나서 암송구절을 열 번 암송하라. 처음 여섯 번 할 때 학습생들은 성경이나 학생노트를 사용해도 되지만 마지막 네 번 할 때는 그들의 암기력으로만 해야 합니다. 학습자들은 성경구절을 암송하기 전에 매번 성경 구절을 말하고 다 끝난 후에는 앉으면 된다.

- 이 과정을 사용하면 어떤 팀들이 "실습" 부분을 마쳤는지 트레이너들이 알 수 있다.

실습

- 학습자들에게 파트너와 마주보고 앉으라고 하라.

    파트너들은 번갈아 가면서 수업을 서로에게 가르치라.

    "나이가 많은 사람이 짝의 리더가 되세요."

- 27페이지에 있는 트레이너 훈련 과정을 따르세요.

- 그들에게 학습 세션에 있는 모든 것을 당신이 그들에게 가르친 그대로 하도록 말하라.

"내가 당신에게 한 것처럼 똑같이 질문들을 하고, 성경을 읽고, 질문에 답하세요."

- 서로에게 수업을 가르친 후, 학습자들에게 파트너를 바꿔서 또 번갈아 가면서 수업을 가르치라고 하라. 그것을 완료하면 학습자들에게 훈련이 마친 후 이 수업을 가르쳐줄 다른 사람 한 명을 생각하라고 하라.

"시간을 좀 드릴 테니 이 훈련을 마친 후에 배운 내용을 가르쳐줄 사람을 생각해보세요. 그 사람의 이름을 이 레슨 첫 페이지 맨 위에 적으세요."

마무리

간소한 예배

- 학습자들을 네 명씩 그룹을 만들게 하라. 각 그룹이 그룹 이름을 정하도록 1분을 주라.

- 방을 돌아다니며 각 그룹에게 이름을 물어 보라.

- 간소한 예배의 과정을 학습자들과 복습하고 그들에게 간소한 예배를 같이 연습 한다고 말해주라.

- 간소한 예배 그룹에 있는 각 사람은 예배 시간에 다른 파트를 인도해야 한다. 예를 들어, 한 사람이 찬양을 인도하고, 다른 사람이 기도를 인도하고, 또 다른 사람이 공부시간을 인도하고, 마지막 사람은 실습시간을 인도해야 한다.

- 그룹들에게 근처에 있는 다른 그룹들이 방해 되지 않도록 조용히 예배를 드리라고 말하라. 학습자들에게 성경 이야기를 "설교"하지 말고 이야기처럼 "말"하라고 하라. 학습 인도 자에게 하나님의 사랑에 대한 이야기를 하라고 부탁하라. 만약에 학습자가 성경 이야기를 못 고르면 방탕한 아들의 비유를 하라고 제안하라. 그 다음에 학습 인도 자는 다음 세 질문을 할 것이다.

1. 이 이야기는 하나님에 대해서 무엇을 가르쳐주는가?

2. 이 이야기는 사람에 대해서 무엇을 가르쳐주는가?

3. 이 이야기는 내가 예수님을 따르는데 어떤 도움이 되는가?

- 실습을 인도하는 자는 학습을 인도하는 자가 말해준 이야기를 다시 말하며 그가 물어본 똑 같은 질문들을 하고 그룹은 그 질문들에 대해서 토론한다.

당신이 제자 모임을 시작하는 것이 왜 중요합니까?

양과 호랑이[2] ☙

- 이 교실이 양 농장이라고 설명하라. 양을 돌보는 양치기가 되고 싶은 사람을 지원자로 뽑으라. 다른 3명의 지원자들은 호랑이가 되라고 하라. 그리고 나머지 남은 사람들은 다 양이다.

  "이 게임의 목표는 호랑이들이 양을 최대한 많이 해치는 것이다. 양치기가 호랑이를 만지면, 호랑이는 몸을 웅크리고 있어야 한다. 죽은 것이다. 하지만 호랑이가 양을 만지면 양들은 몸을 웅크리고 앉아 있어야 한다. 다친 것이다. 두 마리의 호랑이가 동시에 양치기를 만지면 다친 것이다. 참가자들은 죽든가 다치면 게임이 끝날 때까지 아웃이다."

- 그룹에게 책, 연필, 그리고 다른 위험한 물건이 있으면 바닥에서 치우라고 말하라.

  "어떤 사람들은 게임 중에 소리를 질러도 괜찮습니다."

---

[2] Galen Currah and George Patterson, Train and Multiply Workshop Manual (Project World Outreach, 2004), 28.

- 셋을 센 후에 "시작!"이라고 외치라. 호랑이가 다 죽든 양이 다 다칠 때까지 게임을 진행하라. 대부분의 양들은 다칠 것입니다. 양치기가 다칠 수도 있다.

- 그룹에게 게임을 한 번 더 할 것이라고 말하라. 하지만 이번에는 양치기 다섯 명을 더 뽑고, 호랑이는 전과같이 세 명 그대로 두라. 나머지 사람들은 다 양이다. 양들에게 목자의 보호를 받도록 같이 모여서 목자 곁에 있으라고 말하라. 셋을 센 후에 "시작!"이라고 외치라.

- 모든 호랑이가 죽거나 모든 양이 다 다칠 때까지 게임을 계속하라. 모든 호랑이가 빨리 죽는 것이 낫다. 양도 몇 마리는 다쳤겠지만.

"이것은 우리에게 왜 많은 새로운 그룹과 교회들이 필요한지를 가르쳐 줍니다. 첫째 게임은 목사 한 사람이 그의 모든 교인들을 지키면서 교회가 계속해서 성장하기를 바라는 것과 같습니다. 그러면 사탄이 들어와서 많은 교인들을 헤치기 쉽습니다. 둘 째 게임은 여러 명의 영적 리더들이 여러 작은 그룹들을 보호하는 것과 같습니다. 그럴 경우에 사탄과 그의 졸병들(호랑이들)은 양들을 쉽게 헤치지 못합니다."

"예수님은 선한 목자입니다. 그는 양들을 위하여 목숨을 희생했다. 영적인 리더인 우리도 우리의 삶을 드려야 합니다-우리의 시간, 우리의 기도, 우리의 초점-우리의 양들과 우리에게 예수에 대해서 배우기를 기다리는 사람들을 위해서."

"우리는 한번에 수많은 사람들에게 가고 싶다. 그렇지 않습니까? 단지 예수님만이 모든 곳에 있을 수 있습니다(무소부재). 그렇기 때문에 우리는 다른 사람들을 가르쳐서 그들이 또 다른 사람들을 가르치고, 그래서 더 많은 신자들은 서로의 짐들을 나눠지며 나아가 예수의 계명을 성취하는 것입니다."

4

기도

기도는 학습자들에게 예수님을 거룩한 분으로 소개한다. 예수님께서는 거룩한 삶을 사셨고 우리를 위해 십자가에 못박혀 돌아가셨다. 하나님께서는 예수님을 따르는 우리에게 거룩한 자(성도)가 되라고 명령하신다. 성도는 하나님을 예배하고, 거룩한 삶을 살고, 다른 사람들을 위해 기도한다. 예수님의 기도를 본받아, 우리는 하나님을 찬양하고, 우리의 죄를 회개하고, 하나님께 필요한 것들을 간구하고, 하나님이 우리에게 요구하시는 것에 순종한다.

하나님께서는 우리의 기도를 네 가지 방법으로 응답하신다. 거절 (우리가 잘못된 동기로 간구할 때), 천천히 (타이밍이 안 맞으면), 성숙하라 (하나님이 우리의 기도를 응답하시기 전에 성숙해져야 한다면), 하나님과 동행하라 (우리가 하나님의 말씀과 뜻대로 기도할 때). 학습자들은 하나님의 전화번호를 외워야 합니다. 하나님의 전화번호는 예레미야 33:3을 바탕으로 한 3-3-3이고 하나님께 메일 "전화"을 하는 것이 좋다.

찬양

- 한 사람에게 하나님이 함께 하시고 복 주시기를 위해 기도하도록 부탁하라.

- 찬양이나 찬송가 두 곡을 부르라.

기도

- 학습자들에게 파트너를 안 해본 사람과 함께 짝을 지어 그룹들을 만들게 하라.

- 각 학습자는 다음의 질문에 대한 답을 서로 나누라:

    1. 당신이 구원받기를 바라는 사람들을 위해 우리가 어떻게 기도할까?

    2. 당신이 훈련시키는 그룹을 위해 우리가 어떻게 기도할까?

- 만약에 파트너가 다른 사람을 훈련 시키는 것을 시작하지 않았으면 그가 훈련 시킬 수 있는 사람이 있도록 기도하라.

- 파트너와 함께 기도하라..

학습

전화기 게임 ☙

"전화기 게임을 해보았습니까?"

- 당신이 당신 옆에 있는 사람에게 몇 마디를 말한다. 그리고 그 사람이 또 다음 사람에게 그 말을 전한다. 각 사람은 원을 다 돌 때까지 그 말을 자신의 옆 사람에게 귓속말로 말한다.

- 마지막 사람은 자기가 들은 것을 말한다. 당신은 당신이 처음 말한 것을 사람들에 말해주고 사람들에게 두 말이 얼마나 비슷한지 비교하게 하라. 약간 어이없는 것과 그리고 약간 말이 되는 몇 개 문구를 고르라. 그리고 게임을 두 번 하라.

"우리는 자주 하나님께 많은 것을 듯 지만 항상 하나님과 직접 대화하지 않습니다. 우리가 진행한 게임에서 저에게 만약에 문구를 곧바로 물었다면 제가 한 말을 쉽게 이해하셨을 것입니다. 하지만 그 문구가 몇 사람을 거친 후에는 실수가 나오기 쉬웠습니다. 기도는 하나님과 직접 대화하는 것이기 때문에 우리의 영적인 삶에 매우 중요합니다."

복습

각 복습 시간은 동일하다. 학습자들에게 이 전에 배운 수업들을 서서 암송하라고 하라. 그들이 손 동작을 하는지 확인하라.

우리가 예수님처럼 사는데 도움이 되는 8개 그림이 무엇인가?

병사, 찾는자, 목자, 씨 뿌리는 자, 하나님의 아들, 거룩한 분, 종, 청지기

증가

청지기가 하는 세가지 일은 무엇인가?

하나님이 인간에게 준 첫 계명은 무엇인가?

예수님이 인간에게 준 마지막 계명은 무엇인가?

나는 어떻게 생육하고 번성할 수 있는가?

이스라엘에 있는 2개 바다의 이름은 무엇인가?

그들은 왜 그렇게 다른가?

당신은 어떤 바다가 되고 싶은가?

사랑

목자가 하는 세 가지 일은 무엇인가?

다른 사람들에게 가르쳐야 할 가장 중요한 계명은 무엇인가?

사랑은 어디서부터 오는 것인가?

간소한 예배는 무엇인가?

우리는 간소한 예배를 왜 드리는가?

간소한 예배를 드리는데 필요한 인원은 몇 명인가?

예수님은 어떤 분이셨는가?

-누가복음 4:33-35- 회당에 더러운 귀신 들린 사람이 있어 크게 소리 질러 이르되 아 나사렛 예수여 우리가 당신과 무슨 상관이 있나이까 우리를 멸하러 왔나이까 나는 당신이 누구인 줄 아노니 하나님의 거룩한 자니이다 예수께서 꾸짖어 이르시되 잠잠하고 그 사람에게서 나오라 하시니 귀신이 그 사람을 무리 중에 넘어뜨리고 나오되 그 사람은 상하지 아니한지라

"예수님께서는 하나님께로부터 온 거룩한 분이십니다. 그는 우리가 예배하는 분입니다. 또한 그는 우리를 위해서 하나님의 보좌 앞에 중재하시는 분입니다. 예수님께서는 우리를 다른 사람들 위해 중재하라고 부르시며 그와 같이 거룩한 삶이 살기를 바라 하십니다. 예수님께서는 거룩한 분이십니다. 우리는 성자로 부름 받았습니다."

성도
✋기도하듯 두 손을 모으라.

성도가 하는 세 가지 일은 무엇인가?

-마태복음 21:12-16- 예수께서 성전에 들어가사 성전 안에서 매매하는 모든 사람들을 내쫓으시며 돈 바꾸는 사람들의 상과 비둘기 파는 사람들의 의자를 둘러

엎으시고 그들에게 이르시되 기록된 바 내 집은 기도하는 집이라 일컬음을 받으리라 하였거늘 너희는 강도의 소굴을 만드는 도다 하시니라 맹인과 저는 자들이 성전에서 예수께 나아오매 고쳐주시니 대제사장들과 서기관들이 예수께서 하시는 이상한 일과 또 성전에서 소리질러 호산나 다윗의 자손이여 하는 어린이들을 보고 노하여 예수께 말하되 그들이 하는 말을 듣느냐 예수께서 이르시되 그렇다 어린 아기와 젖먹이들의 입에서 나오는 찬미를 온전하게 하셨나이다 함을 너희가 읽어 본 일이 없느냐 하시고.

1. 성도는 하나님을 예배한다. .

"우리는 어린이들이 성전에서 하나님을 찬양했듯이 하나님을 찬양해야 합니다."

2. 성도는 거룩한 삶을 산다.

"예수님께서는 아버지의 집이 탐욕으로 더럽혀지는 것을 허락하지 않으셨습니다."

3. 성도들은 다른 사람들을 위해 기도한다.

"예수님께서는 하나님의 집은 기도하는 집이라고 하셨습니다."

"예수님은 거룩한 분이며 우리와 함께하시는 분이십니다. 우리가 그 분을 따를 때, 우리는 그의 성도로서 거룩한 사람으로 성장할 것입니다. 우리는 경배하며, 거룩한 삶을 살고, 예수님이 한 것처럼 우리도 남을 위해서 기도할 것입니다."

우리는 어떻게 기도해야 하는가?

-누가복음10:21- 그 때에 예수께서 성령으로 기쁨에 넘쳐 이렇게 아뢰었다. "하늘과 땅의 주님이신 아버지, 이 일을 지혜 있고 총명한 사람에게는 감추시고, 철부

지 어린 아이들에게는 드러내 주셨으니, 감사합니다. 그렇습니다, 아버지! 이것이 아버지의 은혜로우신 뜻입니다.

찬양

"예수님은 하나님이 세상에서 하시는 일에 대하여 기뻐하고 감사하며 기도로 하나님 앞으로 나왔습니다."

> 찬양
> 🖐 두 손을 들어 찬양하세요.

-누가복음 18:10-14- 두 사람이 기도하러 성전에 올라가니 하나는 바리새인이요 하나는 세리라 바리새인은 서서 따로 기도하여 이르되 하나님이여 나는 다른 사람들 곧 토색, 불의, 간음을 하는 자들과 같지 아니하고 이 세리와도 같지 아니함을 감사하나이다. 나는 이레에 두 번씩 금식하고 또 소득의 십일조를 드리나이다 하고 세리는 멀리 서서 감히 눈을 들어 하늘을 쳐다보지도 못하고 다만 가슴을 치며 이르되 하나님이여 불쌍히 여기소서 나는 죄인이로소이다 하였느니라 내가 너희에게 이르노니 이에 저 바리새인이 아니고 이 사람이 의롭다 하심을 받고 그의 집으로 내려갔느니라 무릇 자기를 높이는 자는 낮아지고 자기를 낮추는 자는 높아지리라 하시니라.

회개

"예수님께서는 이 이야기를 통해서 두 사람을 비교합니다. 바리새인은 자신이 기도를 드릴 때 거만했으며 자신을 '죄인'들 보다 더 높이 생각했습니다. 하지만 세리가 기도했을 때 그는 하나님 앞에서 겸손했으며 죄악에 빠져있는 자신의 상태를 고백했습니다. 예수님께서는 세리가 하나님을 기쁘시게 하는 기도를 드렸다고 말씀하셨습니다."

"회개라는 것은 우리의 죄를 인정하고 그 죄를 더 이상 짓지 않는 것입니다. 죄를 회개하는 사람들은 용서를 받고 하나님을 기쁘게 합니다."

회개
　✋손바닥을 바깥쪽으로 하여 얼굴을 가리고 머리는 옆으로 돌려라

-누가복음 11-9- 내가 또 너희에게 이르노니 구하라 그러면 너희에게 주실 것이요 찾으라 그러면 찾아낼 것이요 문을 두드리라 그러면 너희에게 열릴 것이니.

간구

"찬양과 회개로 하나님 앞에 나온 후에 우리는 하나님께 우리의 필요한 것들을 간구할 준비가 되었습니다. 많은 사람들은 기도를 간구로 시작하지만 이 것은 아주 무례합니다. 주기도문은 우리가 기도를 할 때 간구를 하기 전에 먼저 하나님을 찬양하고(마태복음 6:9) 그 다음에 구하라고 가르칩니다."

간구
　✋무엇을 받듯이 두 손을 모은다.

-누가복음 22:42- 이르시되 아버지여 만일 아버지의 뜻이거든 이 잔을 내게서 옮기시옵소서 그러나 내 원대로 마시옵고 아버지의 원대로 되기를 원하나이다 하시니.

복종

"예수님께서는 겟세마네 동산에서 십자가를 지는 것에 대해서 몹시 고민하셨습니다. 하지만 그는 이렇게 말했습니다. '내 원대로 마시옵고 아버지의 원대로 되기를 원하나이다.' 우리가 우리의 필요한 것들을 하나님께 간

구할 때 우리는 그의 말씀을 순종하고 그의 뜻대로 복종해야 합니다…"

복종- 하나님은 우리에게 묻는다.

기도하듯 두 손을 모으고 경의를 상징하는 것처럼 이마에 엎으라.

합심 기도

- 기도에는 네 가지 파트가 있는데 그룹의 기도 시간에 한 파트씩 네 번에 나눠서 하라.

- 그룹에 있는 모든 사람들은 '찬양'과 '간구' 부분에서 소리 내여 기도하라. 하지만 '회개'와 '복종' 부분에서는 조용히 기도하라.

    "내가, "모든 하나님의 백성은…아멘" 이라고 말하면 그 세션이 끝났다는 것을 알 것입니다."

- 학습자들에게 그들이 기도의 어느 부분을 연습하는지 기억하게 기도하면서 손 동작을 하도록 권하라.

하나님은 우리에게 어떻게 응답할까?

-마태복음 20:20-22- 그 때에 세베대의 아들들의 어머니가 아들들과 함께 예수께 다가와서 절하며, 무엇인가를 청하였다. 예수께서 그 여자에게 물으셨다. "무엇을 원하느냐?" 여자가 대답하였다. "나의 이 두 아들을 선생님의 나라에서, 하나는 선생님의 오른쪽에, 하나는 선생님의 왼쪽에 앉게 해주십시오." 그러나 예수께서는 대답하여 말씀하셨다. "너희는 너희가 구하는 것이 무엇인지를 모르고 있다. 내가 마시려는 잔을 너희가 마실 수 있겠느냐?" 그들이 말하였다. "마실 수 있습니다."

거절

"야고보와 요한의 어머니는 예수님에게 천국에서 자기의 아들들에게 가장 특권 있는 자리를 주라고 부탁했다. 그녀는 무릎을 꿇고 경외심을 갖고 요청했다. 자만과 힘이 그녀에게 그렇게 하도록 만들었다. 예수님께서는 하나님만이 그런 권한이 있다고 하며 그녀의 요구를 들어주지 않겠다고 하셨다. 하나님께서는 우리가 잘못된 동기로 간구할 때 "안되"라고 답하신다."

거절- 우리는 잘못된 동기를 가지고 있다.
🖐 머리를 흔들며 "안되"라고 표현하라.

-요한복음 11:11-15- 이 말씀을 하신 후에 또 이르시되 우리 친구 나사로가 잠들었도다 그러나 내가 깨우러 가노라 제자들이 이르되 주여 잠들었으면 낫겠나이다 하더라 예수는 그의 죽음을 가리켜 말씀하신 것이나 그들은 잠들어 쉬는 것을 가리켜 말씀하심인 줄 생각하는지라 이에 예수께서 밝히 이르시되 나사로가 죽었느니라 내가 거기 있지 아니한 것을 너희를 위하여 기뻐하노니 이는 너희로 믿게 하려 함이라 그러나 그에게로 가자 하시니.

천천히

"예수님께서는 나사로가 아프다는 것을 아셨고, 더 일찍 오셔서 그를 회복 시키실 수 있었습니다. 하지만 예수님께서는 부활이라는 더 큰일을 하시려고 나사로가 죽을 때까지 기다리셨습니다. 예수님께서는 나사로가 죽었다가 살아나면 사람들의 믿음을 강해지며 하나님께 더 큰 영광이 될 것을 아셨습니다. 가끔씩 우리는 타이밍이 맞지 않기 때문에 기다려야 합니다.

천천히- 우리는 우리의 타이밍이 아니라 하나님의 타이밍을 기
🖐 다려야 한다. 차가 천천히 가도록 하기 위한 손동작으로 손을 아래로 밀어라.

-누가복음 9:51-56- 예수께서 하늘에 올라가실 날이 찼다. 그래서 예수께서는 스스로 예루살렘에 가시기로 마음을 굳히셨다. 그는 심부름꾼들을 앞서 보내셨는데, 그들이 가서 예수를 모실 준비를 하려고, 사마리아 사람의 한 마을에 들어갔다. 그러나 그 마을 사람들은, 예수께서 예루살렘으로 가시는 도중이므로, 예수를 맞아들이려 하지 않았다. 그래서 제자인 야고보와 요한이 이것을 보고 말하기를 "주님, 불이 하늘에서 내려와 그들을 태워 버리라고 우리가 명령하면 어떻겠습니까?" 하였다. 예수께서 돌아서서 그들을 꾸짖으셨다. 그리고 그들은 다른 마을로 갔다.

성장

"사마리아 사람들이 그들의 마을에서 예수님을 환영하지 않자, 야고보와 요한은 예수님께서 그 마을 전부를 불로 멸망시키시기를 원했습니다. 제자들은 예수님의 사명에 대해서 이해하지 못했습니다: 그는 사람들을 해치기 위해서가 아니라 구원하기 위해서 오셨습니다. 제자들은 좀 더 성장이 필요했습니다. 비슷한 방식으로 우리가 꼭 필요치 않는 것을 하나님께 요구할 때, 혹은 우리가 어려움에 빠질 수 있는 것이나 혹은 우리의 삶이 하나님의 선교와 함께 가지 않을 때, 그는 응답하지 않으십니다. 하나님은 우리가 더욱 성장할 필요가 있다고 말씀 합니다.

성장- 하나님께서는 먼저 우리가 한 영역에서 성장하기를 바라신다.
✋자라는 식물 모양을 손으로 만들다.

-요한복음 15:7- 너희가 내 안에 머물러 있고 나의 말이 너희 안에 머물러 있으면, 너희가 무엇을 구하든지 다 그대로 이루어질 것이다.

가라

"우리가 예수님을 따르고 그의 말씀대로 살 때 우리는 하나님께 당당히 필요한 것들을 간구할 수 있습니다. 그는 우리의 기도를 들어주실 것입니다."

가라- 우리는 하나님의 뜻대로 기도했으면, 그는 "그래"라고 응답하신다.
✋머리를 끄덕이며 "그래"라고 신호하고 두 손으로 앞을 가리키며 "가라"고 신호하라.

암송구절

-누가복음 11:9- 내가 또 너희에게 이르노니 구하라 그러면 너희에게 주실 것이요 찾으라 그러면 찾아낼 것이요 문을 두드리라 그러면 너희에게 열릴 것이니.

- 모든 사람은 일어나서 암송구절을 열 번 암송하라. 처음 여섯 번 할 때 학습자들은 성경이나 학생노트를 사용해도 된다. 마지막 네 번 할 때는 암기로만 해야 한다. 학습자들은 성경 구절을 암송하기 전에 매번 성경 구절을 말하고 다 끝난 후에는 앉으면 된다.

- 이 과정을 사용하면 어떤 팀들이 "실습"부분을 마쳤는지 트레이너들이 알 수 있다.

실습

- 학습자들에게 파트너와 마주보고 앉으라고 하라. 파트너들은 번갈아 가면서 수업을 서로에게 가르치라.

  "키가 작은 사람이 쌍의 리더가 됩니다."

- 27페이지에 있는 트레이너 훈련 과정을 따라 하라.

- 그들에게 "학습" 세션에 있는 모든 것을 당신이 가르친 대로 똑같이 하라고 말하라.

  "내가 당신과 한 것처럼 똑같이 질문들을 하고, 성경을 읽고, 질문에 답하세요"

- 서로에게 수업을 가르친 후, 학습자들에게 파트너를 바꿔서 또 번갈아 가면서 수업을 가르치라고 하라. 그것을 완료하면 학습자들에게 훈련이 마친 후 이 수업을 가르쳐 줄 다른 사람 한 명을 생각하라고 하라.

  "시간을 좀 드릴 테니 이 훈련을 마친 후에 배운 내용을 가르쳐줄 사람을 생각해보세요. 그 사람의 이름을 이 레슨 첫 페이지 맨 위에 적으세요."

마무리

하나님의 전화번호 ଓ

"하나님의 전화번호를 아십니까? 3-3-3입니다."

-예레미야 33:3- "네가 나를 부르면, 내가 너에게 응답하겠고, 네가 모르는 크고 놀라운 비밀을 너에게 알려 주겠다."

"매일 하나님께 전화하는 것을 잊지 마세요. 하나님께서는 그의 자녀들과 대화하는 것을 좋아하시고 여러분의 기도를 기다리십니다!"

두 손- 열 손가락 ଓ

- 두 손을 드세요.

  "우리는 매일 두 부류를 위해 기도해야 합니다": 신자들과 불신자들

"우리는 예수님을 따르고 다른 사람들을 훈련시키도록 신자들을 위해 기도해야 합니다. 또한 우리는 예수님을 믿지 않는 사람들이 예수님을 영접하도록 기도해야 합니다."

- 학습자들에게 아직 신자가 아닌 다섯 사람들을 선택해 자신의 오른손에 세라고 말하라. 그들이 예수님을 따르는 사람들이 되게 해 달라고 기도하는 시간을 주라.

- 왼편에는 그들이 알고 있는 사람 중에서 예수님을 따르게 훈련시킬 수 있는 신자들의 이름을 적는다. 이 신자들이 전심으로 예수님을 따르도록 그들을 위해 기도하는 시간을 가진다.

5

순종

순종은 학습자들에게 예수님을 종으로 소개한다. 종들은 사람들을 도와주고, 겸손한 마음을 갖고 있으며 자기의 주인에게 순종한다. 예수님이 하나님을 섬기며 따랐듯이 우리도 이제 하나님을 섬기며 따른다. 모든 권한을 가지신 하나님께서는 우리에게 네 가지 계명 따르라고 주셨다: 가서, 제자를 삼고, 세례를 주고, 그들에게 예수님이 가르친 모든 것들을 지키게 하는 것이다. 예수님께서는 우리와 함께하신다고 약속하셨다. 예수님께서 우리에게 명령을 하시면 우리는 그것을 언제나, 즉각, 그리고 사랑하는 마음으로 순종해야 한다.

삶의 시련들은 모든 사람에게 오기 마련이지만 지혜로운 사람은 그의 인생을 예수님의 계명들을 순종하며 살아간다. 반면 어리석은 사람은 예수님을 순종하며 살지 않는다. 마지막으로 학습자들은 그들의 추수 밭 그림인 사도행전 29장 지도를 시작하게 될 것이다. 학습자들은 이 지도를 제자훈련 세미나 마지막에 각각 발표할 것이다.

기도

- 학습자들이 파트너를 하지 않았던 사람과 함께 짝을 지어 그룹들을 만들도록 하라.

- 각 학습자는 다음의 질문에 대한 답을 서로 나누라:

    1. 당신이 구원받기를 바라는 사람들을 위해 우리가 어떻게 기도할까?

2. 당신이 훈련시키는 그룹을 위해 우리가 어떻게 기도할까?

- 만약에 파트너가 다른 사람을 훈련 시키는 것을 시작하지 않았으면 그가 훈련 시킬 수 있는 사람이 있도록 기도하라.

- 파트너와 함께 기도하라..

학습

동작 모방하기를 하라! ⋙

"나는 오늘 당신이 절대 잊지 말기를 바라는 어떤 것을 하려고 합니다. 둥글게 원으로 서서 나를 바라보세요. 내가 하는 모든 것을 따라 하세요"

- 처음에는 모든 사람이 따라 할 수 있는 쉬운 손 동작을 보인다. 하품하는 것, 뺨을 가볍게 두드리는 것, 팔을 문지르는 것 등. 천천히 하여 모두가 따라 할 수 있도록 하라.

"저를 따라 하는 것이 쉽나요? 왜죠?"

"제가 모든 것을 간단하게 해서 저를 따라 하는 건 쉬웠습니다. 자, 이제 다시 한번 저를 따라 해보세요. 기억하세요, 제가 하는 모든 것을 그대로 똑같이 따라 해야 됩니다."

- 두 번째는, 존 트라볼타(John Travolta)의 디스코와 여우 트로트(the fox trot)의 펑키치킨(Funky Chicken) 댄스를 치면서 손 동작을 보여주라.

- 남들이 흉내 낼 수 없는, 당신 자신만의 독특하고(crazy) 복잡한 춤을 추라. 당신을 흉내 내려는 사람들 대부분은 웃을 것이고, 따라 하는 것은 불가능하다고 말할 것이다.

"나를 따라 하는 것이 쉬웠나요? 왜죠?"

"우리는 당신이 재 생산해 낼 수 있는 레슨을 가르치고 있습니다. 우리가 이렇게 가르칠 때 당신은 다른 사람을 가르칠 수 있고, 그 사람은 또 다른 사람을 가르칠 것입니다. 레슨이 너무 복잡하면 다른 사람과 나눌 수가 없습니다. 당신이 예수님이 가르친 방식을 공부하면 예수님은 사람들이 기억하고 다른 사람들에게 이야기 할 수 있는 쉬운 레슨을 나누었습니다. 우리가 다른 사람들을 훈련할 때에 예수님의 방법을 따르려고 합니다."

복습

각 복습 시간은 동일하다. 학습자들에게 이 전에 배운 수업들을 서서 암송하라고 하라. 그들이 손 동작을 하는지 확인하라.

우리가 예수님처럼 사는데 도움이 되는 8개 그림이 무엇인가?

병사, 찾는자, 목자, 씨 뿌리는 자, 하나님의 아들, 거룩한 분, 종, 청지기

증가

청지기가 하는 세가지 일은 무엇인가?

하나님이 인간에게 준 첫 계명은 무엇인가?

예수님이 인간에게 준 마지막 계명은 무엇인가?

나는 어떻게 생육하고 번성할 수 있는가?

이스라엘에 있는 2개 바다의 이름은 무엇인가?

그들은 왜 그렇게 다른가?

당신은 어떤 바다가 되고 싶은가?

사랑

목자가 하는 세 가지 일은 무엇인가?

다른 사람들에게 가르쳐야 할 가장 중요한 계명은 무엇인가?

사랑은 어디서부터 오는 것인가?

간소한 예배는 무엇인가?

우리는 간소한 예배를 왜 드리는가?

간소한 예배를 드리는데 필요한 인원은 몇 명인가?

기도

성도가 하는 세 가지 일은 무엇인가?

우리는 어떻게 기도해야 하나?

하나님은 우리에게 어떻게 응답하는가?

하나님의 전화번호는 무엇인가?

예수님은 어떤 분일까요?

-마가복음 10:45- 인자는 섬김을 받으러 온 것이 아니라 섬기러 왔으며, 많은 사람을 구원하기 위하여 치를 몸값으로 자기 목숨을 내주러 왔다."

"예수님께서는 종이십니다. 그의 열정은 자신의 삶을 인간을 위해 희생하며 하나님을 섬기는 것이었습니다."

종
✋망치질을 하는 척해라

종이 하는 세 가지 일은 무엇입니까?

> *빌립보서 2:5-8-* 너희 안에 이 마음을 품으라 곧 그리스도 예수의 마음이니 그는 근본 하나님의 본체시나 하나님과 동등 됨을 취할 것으로 여기지 아니하시고 오히려 자기를 비워 종의 형체를 가지사 사람들과 같이 되셨고 사람의 모양으로 나타나사 자기를 낮추시고 죽기까지 복종하셨으니 곧 십자가에 죽으심이라.

1. 종은 사람들을 돕는다.

   "예수님께서는 우리가 하나님의 가족이 되는 것을 돕기 위해서 십자가에서 돌아가셨습니다.

2. 종은 겸손한 마음을 같고 있다.

3. 종은 주인에게 순종한다.

   "예수님은 하나님께 순종했습니다. 우리도 우리의 주인을 순종해야 합니다."

   "예수님께서는 십자가에서 우리의 죄를 위해 죽으심으로 인해 우리를 섬기셨습니다. 그는 겸손하게 언제나 하나님을 순종하려고 노력했습니다. 예수님께서는 종이시며 우리 안에 살고 계십니다. 우리가 그를 따를 때 우리도 또한 종이 될 것입니다. 우리도 예수님처럼 다른 사람들을 돕고, 겸손한 마음을 가지고, 우리의 주인이신 예수님을 따를 것입니다."

세상에서 가장 큰 권세를 가진 분은 누구입니까?

> *-마태 28:18-* 예수께서 나와와 말씀하여 이르시되 "하늘과 땅의 모든 권세를 내게 주셨으니"

"예수님은 하늘과 땅의 가장 높은 권세를 가지신 분입니다. 그분은 우리 부모님이나 선생님 그리고 정부 관료 보다 높습니다. 사실, 그 분은 이 세상 사람들이 가진 모든 것을 합한 것보다 더 큰 권세와 힘을 가지셨습니다. 그 분께서 명령하시면 우리는 어떤 사람 앞에서라도 그것을 순종해야 합니다. 왜냐하면 그 분이 가장 높은 권세를 가졌기 때문입니다.

예수님께서 모든 신자에게 주신 4가지 계명은 무엇인가?

-마태복음 28:19-20첫 부분- 그러므로 너희는 가서 모든 민족을 제자로 삼아 아버지와 아들과 성령의 이름으로 세례를 베풀고 내가 너희에게 분부한 모든 것을 가르쳐 지키게 하라.

가라

👋 손 가락을 앞으로 움직여 "가세요"

제자를 삼으라

👋 간소한 예배에서의 4가지 손동작을 사용하라: 찬양, 기도, 학습, 실습.

세례를 주라

👋 당신의 손을 들어 반대 쪽 팔꿈치 아래 두라: 팔꿈치를 위 아래로 움직여 어떤 사람이 세례를 받는 동작을 하라.

가르쳐 지키게 하라

👋 두 손을 모아서 책을 읽는 것처럼 하고 후에 그 "책을" 앞 뒤로, 좌우로 움직여 다른 사람을 가르치는 것처럼 하라.

예수님께 순종해야 하는가?

"나는 우리 마음으로부터 하나님께 순종하는 것을 나타내는 세가지 이야기를 하겠습니다. 당신 파트너에게 가르칠 때에 그대로 전달할 수 있도록 잘 들으시기 바랍니다."

항상

"한 아들이 아빠에게 한 달만 제외하곤 매달 순종하겠습니다. 라고 말했습니다. 그 한 달 동안에는 자기가 좋아하는 것(술을 마시는 것, 학교를 빼 먹는 것 등)을 하게 해주세요. 그 아빠는 어떻게 대답할 것 같습니까?"

"같은 소년이 아빠에게 말했습니다. '나는 1년 동안 매주 아빠에게 순종 하겠습니다. 그러나 한 주만 내 마음대로(마약, 집 나가는 것 등) 하게 해주세요.' 그 아빠는 어떻게 대답했을 것 같습니까?"

"다음에 그 소년이 '나는 1년 동안 매일 순종 하겠습니다. 하루만은 내 마음대로(결혼; 살인 등) 하게 해주세요. 그 아빠가 어떻게 대답했을 것 같습니까?"

"우리는 자녀들이 항상 순종하길 기대합니다. 마찬가지로, 예수님께서 우리에게 계명을 주실 때, 그 분은 우리가 항상 순종하길 원합니다."

언제나
👋 오른쪽 손으로 왼쪽에서 오른쪽으로 이동하라.

즉시

"어머니를 너무나 사랑하는 한 여자아이가 있었습니다. 그녀의 어머니는 병에 걸려서 죽을 위기에 처했습니다. 어머니는 딸에게 부탁했습니다, '물 한 잔만 갖다 다오' 딸이 말했습니다. '네, 가져올게요……(잠깐 멈추다) 다음주에요.' 어머니는 이 말을 듣고 무엇이라 말했을까요?

" 우리는 우리의 자녀들의 편리와는 상관없이 즉각 순종하기를 기대합니다. 마찬가지로 예수님께서 우리에게 명령 하실 때 그 분은 나중에게 아니라 당장 순종하길 원하십니다."

즉시
　✋손을 높이 들었다가 아래로 미끄러지듯 내려라.

사랑의 마음으로

"결혼하기 원하는 한 남자가 있었습니다. 내가 그에게 당신의 명령에는 무엇이든 순종하는 로봇 아내를 만들어 주겠소. 그가 일터에서 집으로 오면 그 로봇은 말할 것입니다. '사랑해요, 정말 수고 많으셨어요,' 만약에 그가 로봇 아내에게 뭘 부탁한다면, 그녀는 항상 이렇게 말할 것입니다. '알겠어요. 당신은 세상에서 최고에요' 내 친구가 이 로봇 아내에 대해서 어떻게 생각할지 한 번 생각해 보세요.(로봇이 어떻게 말하는지 흉내 내보라.)

"우리는 프로그램화 된 로봇으로부터가 아니라 마음에서 우러나는 사랑을 원합니다. 우리는 진실한 사랑을 원합니다. 마찬가지로, 하나님께서도 마음에서 우러나는 순종을 원하십니다."

사랑의 마음으로
　✋두 손을 가슴 위에 교차하고 얹었다가 다음에 두 손을 들어 하나님을 찬양하라.

- 세 개의 손 동작을 몇 번씩 복습하라:

"예수님께서는 우리가 순종하기를 원하십니다: 항상, 즉각, 그리고 사랑의 마음으로."

"예수님께서는 신자들에게 네 가지 계명을 주셨습니다. 우리는 어떻게 순종해야 할까요?"

"그분께서는 우리에게 가라고 명령하셨습니다."

✋ "걷는 것처럼" 손가락을 앞으로 움직이라.

"우리는 어떻게 순종해야 할까요?"

"항상, 즉각, 사랑의 마음으로."

"그분께서는 우리에게 제자를 만 들라고 하셨습니다."

✋간소한 예배에서 배운 네 가지 손동작을 하라: 찬양, 기도, 학습, 실습.

"우리는 어떻게 순종해야 할까요?"

"언제나, 즉각, 그리고 사랑의 마음으로."

"그분께서는 우리에게 세례를 베 풀라고 하셨습니다."

✋오른 팔꿈치를 왼쪽 손바닥에 얹으라. 오른팔을 뒤로 기운 후 위로 세우라.

"우리는 어떻게 순종해야 할까요?"

"언제나, 즉각, 그리고 사랑의 마음으로."

"그분께서는 그들에게 하나님의 계명을 따르 도록 가르치라고 우리에게 명령하셨습니다."

✋책을 읽듯이 손을 모으고, "책"을 반원형에서 앞 뒤로 움직여 사람들을 가르치는 것처럼 하라.

"우리는 어떻게 순종해야 할까요?"

"언제나, 즉각, 그리고 사랑의 마음으로."

예수님께서는 모든 믿는 자에게 무엇을 약속하셨나?

-마태복음 28:20 후반부- 볼지어다 내가 세상 끝날까지 너희와 항상 함께 있으리라 하시니라.

"예수님께서는 우리와 항상 함께 계십니다. 그분께서는 지금도 우리와 함께 계십니다."

암송구절

-요한복음 15:10- 너희가 내 계명을 지키면, 내 사랑 안에 머물러 있을 것이다. 그것은 마치 내가 내 아버지의 계명을 지켜서, 그 사랑 안에 머물러 있는 것과 같다.

- 모든 사람은 일어나서 암송구절을 열 번 암송하라. 처음 여섯 번 할 때 학습들은 성경이나 학생노트를 사용해도 된다. 마지막 네 번 할 때는 그들의 암기력으로 해야 한다. 학습자들은 성경구절을 암송하기 전에 매번 성경본문을 말하고 다 끝난 후에는 앉으면 된다.
- 이 과정을 사용하면 어떤 팀들이 "실습"부분을 마쳤는지 트레이너들이 알 수 있다.

실습

- 학습자들에게 파트너와 마주보고 앉으라고 하라. 파트너들은 번갈아 가면서 서로에게 가르치라.

"키가 작은 사람이 쌍의 리더가 되세요."

- 트레이너 훈련 과정 27페이지에 따라서 하라.

- 그들에게 학습 부분에 있는 모든 것을 당신이 가르친 대로 똑같이 하라고 말하라.

  "제가 당신과 한 것처럼 똑같이 질문을 하고, 성경을 읽고, 질문에 답하세요."

- 서로에게 수업을 가르친 후, 학습자들에게 파트너를 바꿔서 또 번갈아 가면서 가르치라고 하라. 그것을 완료하면 학습자들에게 훈련이 마친 후 이 수업을 가르쳐줄 다른 사람 한 명을 생각하라고 하라.

  "시간을 좀 드릴 테니 이 훈련을 마친 후에 배운 내용을 가르쳐줄 사람을 생각해보세요. 그 사람의 이름을 이 레슨 첫 페이지 맨 위에 적으세요."

마무리

진실의 기초 위에 건축하기[3] ☙

- 다음 드라마를 위해 세 명의 지원자가 요청하라. 두 명은 드라마를 공연하고 다른 한 사람은 해설자이다. 공연을 하는 두 명을 당신 앞에 두고 해설자는 옆에 서게 하라. 드라마를 공연해 줄 지원자들은 둘 다 남자여야 한다.

- 해설자에게 마태복음 7:24-25절을 읽으라고 부탁하라.

  "지혜로운 사람은 자신의 집을 반석 위에 지었습니다."

  -마태복음 7:24, 25- 그러므로 누구든지 나의 이 말을 듣고 행하는 자는 그 집을 반석 위에 지은 지혜로운 사람 같으리니 비가 내리고 창수가 나고 바람이 불어 그 집에 부딪치되 무너지지 아니하나니 이는 주추를 반석 위에 놓은 까닭이요.

---

3   Currah and Patterson, p 17.

- 해설자는 성경구절을 읽은 후, 지혜로운 사람에게 무슨 일이 일어났는지 설명하라. 물을 지원자 머리 위에 부으면서 동시에 바람 부는 소리를 내라.

- 해설자에게 마태복음 7:26-27을 읽으라고 부탁하라.

  "어리석은 사람은 자신의 집을 모래 위에 지었습니다."

  -마태복음 7:26-27- 나의 이 말을 듣고 행하지 아니하는 자는 그 집을 모래 위에 지은 어리석은 사람 같으리니 비가 내리고 창수가 나고 바람이 불어 그 집에 부딪치매 무너져 그 무너짐이 심하니라.

- 해설을 한 후 어리석은 사람에게 무슨 일이 일어 났는지를 설명하고, 두 번째 지원자의 머리에 물을 부으면서 동시에 바람 부는 소리를 내라. 그는 이 드라마가 끝날 때 쓰러져야 하며 당신은 "그 집은 무너짐이 심하니라"고 말해야 한다.

  "우리가 예수님의 계명에 순종할 때에, 우리는 지혜로운 사람과 같습니다. 우리가 순종하지 않으면, 어리석은 사람과 같습니다. 우리는 우리가 가르치는 사람의 삶이 예수님의 계명에 순종하기를 원합니다. 그 분의 말씀은 삶의 고난 속에서 굳건한 기초가 됩니다."

사도행전 29장 지도-파트 1 ☙

- "진정한 기초" 드라마가 끝난 후, 각 학습자에게 포스터 한 장, 펜, 연필, 색 연필, 크레용, 마커(markers) 등

- 모두는 하나님께서 그/그녀에게 가라고 부르는 곳의 지도를 만들라고 설명하라. 훈련 기간 동안에 몇 차례에 걸쳐서 지도 만드는 작업을 할 것이다. 밤에 그 작업을 해도 괜찮다. 이 지도는 예수님이 이 세상으로 가라는 명령에 대한 순종을 나타낸다.

- 학습자들에게 하나님께서 그들을 가라고 하는 곳의 지도를 그리라고 말하라. 그 지도에는 길, 강, 산, 표지판 등이 들어가야 한다. 만약에 학습자들이 하나님께서 그들을 부르는 곳을 모르면 그들이 살고, 일하는 곳과 그들에게 중요한 사람들이 사는 곳을 그리라고 하라. 이것은 아주 좋은 출발점이다.

가능한 지도 표시들

집

병원/진료소

사원

교회

가정 교회

군사 기지

이슬람 사원

학교

시장

아래와 같이 하면 더 나은 지도를 만들 수 있다.…

- 먼저 대략의 도안을 그린 다음 그것을 깨끗한 종이로 그린다.

- 걸어 다니면서 다른 사람들이 어떻게 하는지 보고 새로운 아이디어들을 얻는다.

- 이 훈련 끝에 이 지도를 그룹에게 발표해야 한다는 것을 이해한다.

- 크레용이나 색연필을 사용하여 지도를 더 화려하게 만든다.

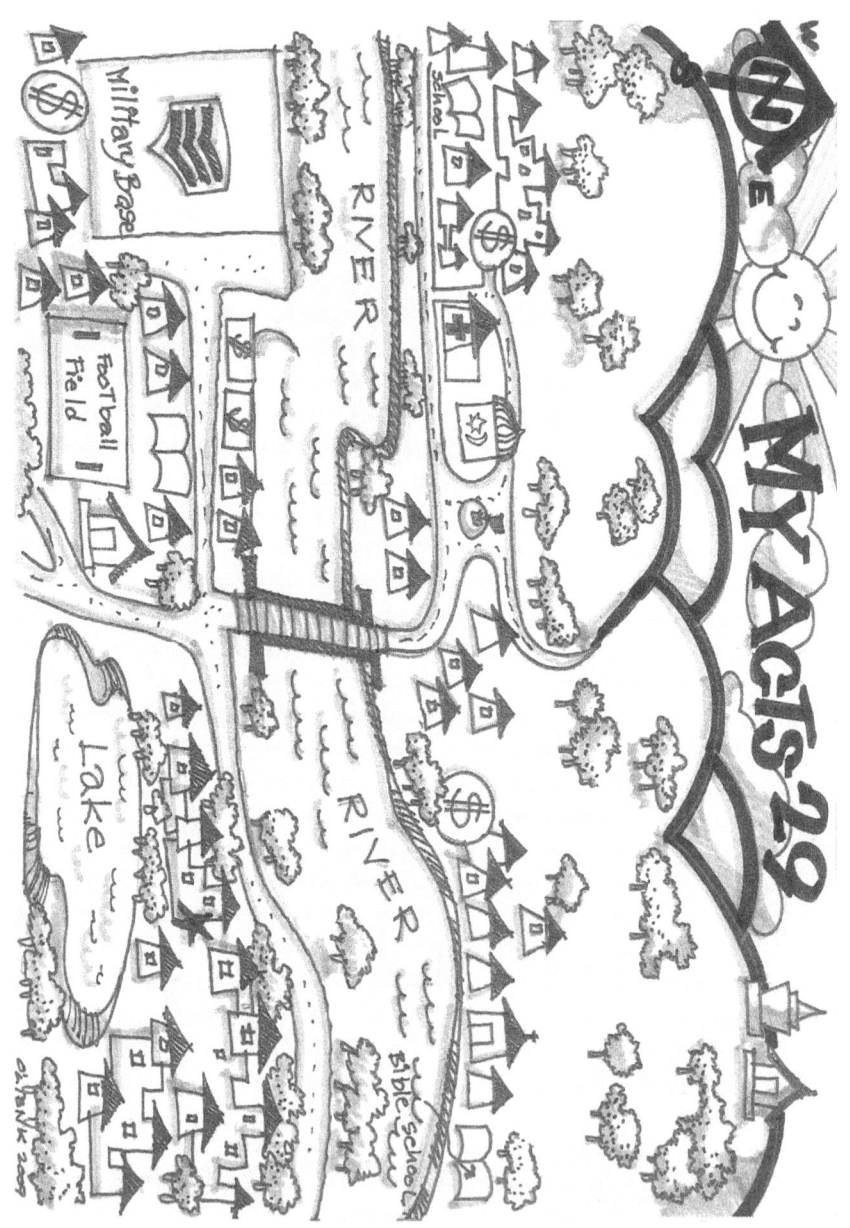

6

동행

동행에서는 학습자들에게 예수님을 아들로 소개한다. 아들/딸들은 아버지를 공경하고, 화합을 갈망하고, 가족이 성공하기를 바란다. 하나님께서는 예수님을 "사랑하는 자"라고 불렀고 성령님께서는 예수님이 세례를 받으실 때 그에게 임재 하셨다. 예수님의 사역이 성공적이었던 이유는 그가 성령님의 힘을 의지했기 때문이다.

　예수님과 같이 우리도 성령님의 힘을 의지하며 살아야 한다. 우리는 성령님에 관해서 순종해야 할 네 가지 계명이 있다. 성령님과 동행하고, 성령님을 근심하게 하지 말고, 성령 충만하고, 성령님을 억누르지 말아야 한다. 예수님은 갈릴리 길가에서 사람들을 도우신 것처럼 오늘날 우리와 함께 계시며, 우리를 돕기 원하신다. 우리가 예수님을 따르는데 방해하는 것들로부터 치료받기 위해서 예수님을 불러야 한다.

찬양

- 한 사람에게 하나님이 함께 하시고 복 주시기를 위해 기도하도록 부탁하라.

- 찬양이나 찬송가 두 곡을 부르라.

기도

- 학습자들이 파트너를 안 해본 사람과 함께 짝을 지어 그룹들을 만들도록 하라.

- 각 학습자는 다음의 질문에 대한 답을 서로 나누라:

    1. 당신이 아는 구원받지 못한 이들을 위해 우리가 어떻게 기도할까요?

    2. 당신이 훈련시키는 그룹을 위해 우리가 어떻게 기도할까요?

- 만약에 파트너가 다른 사람을 훈련 시키는 것을 시작하지 않았으면 그가 훈련 시킬 수 있는 사람이 있도록 기도하세요.

- 파트너와 함께 기도하세요.

학습

가스 떨어짐 ☙

"만일 내가 오토바이를 밀고 이곳 저곳을 다니면서 가스를 채우지 않는다면 당신은 무슨 생각을 하겠습니까?"

- 지원자를 요청하라. 지원자는 당신의 "오토바이"이다. 당신의 오토바이를 밀고 일터로, 학교로, 시장으로 그리고 친구를 방문하러 가라. 친구 집에서 그들이 당신과 함께 오토바이를 타자고 하면 그들을 태워서 밀고 다녀라. 얼마나 피곤할지 보여주라.

    "분명히, 오토바이에 기름을 넣고 다니면 훨씬 나을 것입니다. 그러면 모든 일들을 아주 쉽게 할 수 있을 것입니다."

- 키를 돌려서 당신의 "오토바이" 시동을 걸어라. 그리고 반드시 오토바이 소리를 내어야 한다.

- 당신은 오토바이에서 소리가 나지 않으면 오토바이를 세워 몇 번 "고쳐야" 할 것이다. 전에는 이렇게 했지만 지금은

오토바이를 밀 필요가 없기 때문에 그럴 필요가 없다. 당신 친구들이 태워달라고 하면 그들을 태우고 "문제 없어. 충분한 힘이 있으니까"라고 말하라.

" 오토바이는 우리의 영적인 삶과 같습니다. 많은 사람들은 그들 자신의 힘을 의지하여 그들의 영적 삶을 "밀고" 다닙니다. 그 결과, 기독교인으로 사는 것이 힘들어 포기하고 싶어집니다. 하지만 어떤 사람들은 그들의 삶 속에서 성령님의 능력을 찾았습니다. 성령님은 오토바이의 기름과 같습니다. 성령님은 우리에게 예수님의 명령을 수행하는데 필요한 힘을 공급해 주십니다.

복습

각 복습 시간은 동일하다. 학습자들에게 이 전에 배운 수업들을 서서 암송하라고 하라. 그들이 손 동작을 하는지 확인하라.

우리가 예수님처럼 사는데 도움이 되는 8개 그림이 무엇인가?

병사, 찾는자, 목자, 씨 뿌리는 자, 하나님의 아들, 거룩한 분, 종, 청지기

증가

청지기가 하는 세가지 일은 무엇인가?

하나님이 인간에게 준 첫 계명은 무엇인가?

예수님이 인간에게 준 마지막 계명은 무엇인가?

나는 어떻게 생육하고 번성할 수 있는가?

이스라엘에 있는 2개 바다의 이름은 무엇인가?

그들은 왜 그렇게 다른가?

당신은 어떤 바다가 되고 싶은가?

사랑

　목자가 하는 세 가지 일은 무엇인가?

　다른 사람들에게 가르쳐야 할 가장 중요한 계명은 무엇인가?

　사랑은 어디서부터 오는 것인가?

　간소한 예배는 무엇인가?

　우리는 간소한 예배를 왜 드리는가?

　간소한 예배를 드리는데 필요한 인원은 몇 명인가?

기도

　성도가 하는 세 가지 일은 무엇인가?

　우리는 어떻게 기도해야 하나?

　하나님은 우리에게 어떻게 응답하는가?

　하나님의 전화번호는 무엇인가?

순종

　종이 해야 하는 세가지는 무엇인가?

　누가 가장 높은 권세를 가졌는가?

　예수님께서 모든 신자들에게 주신 4가지 계명은 무엇인가?

　우리는 어떻게 예수님을 따를 것인가?

　예수님이 우리에게 약속한 것은 무엇인가?

예수님은 어떤 분인가?

-마태복음 3:16-17- 예수께서 세례를 받으시고 곧 물에서 올라오실새 하늘이 열리고 하나님의 성령이 비둘기 같이 내려 자기 위에 임하심을 보시더니 하늘로부터 소리가 있어 말씀하시되 이는 내 사랑하는 아들이요 내 기뻐하는 자라 하시니라.

"예수님은 아들이십니다. '사람의 아들'은 예수님께서 가장 좋아하시는 호칭입니다. 그가 처음으로 하나님을 '아버지'라고 불렀습니다.

"예수님의 부활 때문에 우리도 이제 하나님의 가족이 될 수 있습니다."

아들/딸
🖐무엇을 먹는 것처럼 손을 입으로 움직여라. 아들은 많이 먹는다!

아들이 하는 세가지는 무엇인가?

-요한복음 17:4, 18-21- (예수님이 말씀하기를..) 나는 아버지께서 내게 하라고 맡기신 일을 완성하여, 땅에서 아버지께 영광을 돌렸습니다. 아버지께서 나를 세상에 보내신 것과 같이, 나도 그들을 세상으로 보냈습니다. 그리고 내가 그들을 위하여 나를 거룩하게 하는 것은, 그들도 진리로 거룩하게 하려는 것입니다." "나는 이 사람들을 위해서만 비는 것이 아니고, 이 사람들의 말을 듣고 나를 믿는 사람들을 위해서도 빕니다. 아버지, 아버지께서 내 안에 계시고, 내가 아버지 안에 있는 것과 같이, 그들도 하나가 되어서 우리 안에 있게 하여 주십시오. 그래서 아버지께서 나를 보내셨다는 것을, 세상이 믿게 하여 주십시오.

1. 아들은 아버지를 공경합니다.

"예수님께서는 세상에 사시는 동안 하나님께 영광을 돌렸습니다."

2. 아들은 가족이 하나됨을 원합니다.

"예수님께서는 하나님과 그가 하나이듯이 그를 따르는 사람들이 하나가 되기를 원하십니다."

3. 아들은 가족이 성공하기를 원합니다.

"하나님께서 예수님을 세상에 성공하라고 보내셨듯이, 예수님께서도 우리를 성공하라고 보내십니다."

"예수님께서는 아들이시고 우리 안에 사십니다. 우리가 그를 따를 때 우리는 아들들과 딸들이 됩니다. 우리는 하늘에 계신 하나님을 공경하고, 하나님의 가족이 하나되는 것을 원하고, 하나님의 나라의 성공을 위해 일할 것입니다."

예수님의 사역은 왜 성공적이었을까?

-누가복음 4:14-(예수님이 시험 받으신 후에) 예수께서 성령의 능력을 입고 갈릴리로 돌아오셨다. 예수의 소문이 사방의 온 지역에 두루 퍼졌다.

"성령님께서 예수님에게 성공할 힘을 주셨습니다. 예수님께서는 자신의 힘만이 아닌 성령님의 힘을 의지하여 사역하셨습니다. 우리가 예수님을 따를 때 그가 사역한 방법을 따라야 합니다. 예수님께서는 끓임 없이 성령님을 의지하셨습니다. 예수님께서 성령님을 의지하셨다면 우리는 얼마나 더 성령님을 의지해야 할까요!"

예수님께서는 십자가 앞에서 신자들에게 성령님에 대해 무엇을 약속하셨는가?

-요한복음 14:16-18- 내가 아버지께 구하겠으니 그가 또 다른 보혜사를 너희에게 주사 영원토록 너희와

함께 있게 하리니 그는 진리의 영이라 세상은 능히 그를 받지 못하나니 이는 그를 보지도 못하고 알지도 못함이라 그러나 너희는 그를 아나니 그는 너희와 함께 거하심이요 또 너희 속에 계시겠음이라 내가 너희를 고아와 같이 버려두지 아니하고 너희에게로 오리라.

1. 예수님께서는 우리에게 성령님을 보내주신다.

2. 성령님은 우리와 영원히 함께하신다.

3. 성령님은 우리 안에 계신다.

4. 우리는 항상 하나님의 가족이다.

"성령님이 우리 안에 사시기 때문에 우리는 하나님의 가족 안에 있습니다."

예수님께서는 신자들에게 부활하신 후에 성령님에 대해 무슨 약속을 하셨나?

-사도행전 1:8- 그러나 성령이 너희에게 내리시면, 너희는 능력을 받고, 예루살렘과 온 유대와 사마리아에서, 그리고 마침내 땅 끝에까지 이르러 내 증인이 될 것이다."

"성령님이 우리와 함께 하실 때 우리에게 힘을 주실 것입니다."

성령님에 관해 순종해야 할 네 가지 계명은 무엇인가?

-갈라디아서 5:16- 내가 또 말합니다. 여러분은 성령께서 인도하여 주시는 대로 살아가십시오. 그러면 육체의 욕망을 따라 살아가지 않게 될 것입니다.

성령님과 동행하기

-

- 지원자를 뽑으라. 파트너들은 남자/남자 아니면 여자/여자가 되게 하고 섞지 말라. (남자와 여자가 같이 드라마를 공연하는데 문제가 되는 문화이면 이 방법을 사용하세요.)

  "나와 내 파트너가 성령님과 동행하는 것에 대해 진실을 보여드리겠습니다. 이 드라마에서 나는 나 자신이고, 내 파트너는 성령님입니다. 성경에는 "성령을 따라 살라"고 말씀합니다."

- 성령에 의해 걷는 것을 파트너와 함께 보여준다. 당신의 파트너와 손을 잡고 걷고, 어깨를 대고 이야기를 나누라. "성령"인 파트너가 어디를 가기 원할 때 그를 따라 가라. 하지만 가끔은 성령이 가려는 곳과 다른 곳에 가려고 해보라. 파트너와 늘 함께 다니라. 왜냐하면 성령님은 절대 우리를 떠나지 않는다.

  그는 이쪽으로 가려고 하고 당신은 다른 길을 가려고 하기 때문에 다툰다.

  "우리는 우리가 원하는 길을 걷지 말고 성령님이 원하시는 길을 걸어야 합니다. 가끔 우리는 우리의 방향으로 걷기를 원하는데, 이것은 우리에게 영적인 문제를 일으키고 우리의 마음에 큰 충돌을 일으킵니다."

  성령님과 동행
  🖐양 손위에 손가락을 얹고 "걷기"를 하라..

  -예배소서 4:30- 하나님의 성령을 근심하게 하지 말라 그 안에서 너희가 구원의 날까지 인치심을 받았느니라.

성령을 근심하게 하지 마라

"성경은 '성령을 근심하게 하지 마라'라고 말씀합니다. 성령님께서도 감정이 있으시고, 우리가 그를 슬프게 할 수도 있습니다."

- 성령님과 (당신 파트너) 함께 걸어 다니라. 그리고 당신 그룹에 있는 사람에 대해서 험담을 하라. 당신이 남을 험담할 때 성령님은 근심하기 시작한다. 다른 학습자와 싸우는 시늉을 하라. 성령님은 또 근심하신다.

"당신의 삶을 신중하게 살아야 합니다. 왜냐하면 성령님은 당신 안에 계시고 그분을 근심 시킬 수 있습니다. 우리의 행동과 말로 성령님을 슬프게 만들 수 있습니다."

성령님을 근심시키지 말라.
✋우는 것처럼 눈을 비비고 머리로 "아니"라는 신호를 하라.

-예배소서 5:18- 술에 취하지 마십시오. 거기에는 방탕이 따릅니다. 성령의 충만함을 받으십시오.

성령 충만하기

"성령은 '성령 충만함을 받으라'고 말합니다. 이것은 우리의 모든 삶과 매 순간마다 성령님이 필요하다는 뜻입니다."

"우리가 예수님을 영접하면, 우리는 성령을 받은 것입니다. 우리가 성령을 더 받는 것은 불가능한 일입니다. 하지만 성령님이 우리를 더 갖는 것은 가능한 일입니다. 우리는 매일 우리의 삶 가운데 성령님이 얼마나 우리로 채우시도록 하실지 선택해야 합니다. 이 계명은 성령님이 우리의 모든 삶에 채우도록 하는 것입니다.

성령의 충만함을 받으라.
✋양손으로 당신의 발끝에서부터 머리끝까지 흐르게 하는 동작을 하라.

-데살로니가전서 5:19- 성령의 불을 끄지 마십시오

성령의 불을 끄지 말라.

"성경은 '성령의 불을 끄지 말라'고 말합니다. 이것은 성령님이 우리 안에서 하려는 역사를 막으려고 하지 말아야 한다는 뜻입니다.

- 성령님(당신의 파트너) 주변을 돌아라. 그리고 그룹에게 성령님께서 당신이 한 학습자에게 증인이 되기를 원한다고 말하라. 증인 되기를 거절하고, 핑계를 대고 당신의 길을 간다.

- 성령님은 당신이 환자를 위해서 기도하기를 요청하지만 당신은 거절하고, 핑계를 대고, 다른 방향으로 간다.

"우리는 종종 핑계를 대고 성령이 인도대로 따라가는 대신에 우리가 원하는 것을 함으로 하나님의 사역을 방해합니다. 우리는 하지 말아야 할 것을 하고, 하지 말아야 할 말을 하여 성령의 불을 끌 수 있습니다. 그것은 우리의 삶에 성령님의 불을 끄려는 것과 같은 것입니다.

성령의 불을 끄지 말라.
🖐오른손 검지손가락(index finger)을 촛불처럼 들어 올려라. 그 불을 끄려고 애쓰는 듯한 동작을 하라. "안돼"라는 표시로 당신의 머리를 흔들어라.

암송 구절

-요한복음 7:38- 나를 믿는 사람은, 성경이 말한 바와 같이, 그의 배에서 생수가 강물처럼 흘러나올 것이다."

- 모든 사람은 일어나서 암송구절을 열 번 암송하라. 처음 여섯 번 할 때 학습들은 성경이나 학생노트를 사용해도 된다. 마지막 네 번 할 때는 암기로만 해야 한다. 학습자들은 성

경 구절을 암송하기 전에 매번 성경 본문을 말하고 다 끝난 후에는 앉으면 된다.

- 이 과정을 사용하면 어떤 팀들이 "실습"부분을 마쳤는지 트레이너들이 알 수 있다.

실습

- 이 세션의 기도 파트너와 얼굴을 마주보고 앉도록 하라. 파트너들은 교대로 그 레슨을 가르치라.

  "모이고 있는 훈련 장소에서 가장 멀리 사는 사람이 짝에서 리더가 되세요."

- 트레이너 훈련 과정 27페이지에 따라서 하라.

- 그들에게 학습 부분에 있는 모든 것을 당신이 가르친 대로 똑같이 하라고 말하라.

  "제가 당신과 한 것처럼 똑같이 질문을 하고, 성경을 읽고, 질문에 답하세요."

- 서로에게 수업을 가르친 후, 학습자들에게 파트너를 바꿔서 또 번갈아 가면서 가르치라고 하라. 그것을 완료하면 학습자들에게 훈련이 마친 후 이 수업을 가르쳐줄 다른 사람 한 명을 생각하라고 하라.

  "시간을 좀 드릴 테니 이 훈련을 마친 후에 배운 내용을 가르쳐줄 사람을 생각해보세요. 그 사람의 이름을 이 레슨 첫 페이지 맨 위에 적으세요."

마무리

이 시간은 사역에 있어서 아주 중요한 시간이다. 만약 당신이 시간이 모자란다면 당신은 다은 세션 시작 시간에 하든지 아니면 다른 시간에 하도록 하라. 만약 참석자들이 세미나 기간 동안 저녁 예배를 하길 원한다면 그 때 해도 좋다.

예수님이 지금 자리에 ☙

-히브리서 13:8- 예수 그리스도는 어제나 오늘이나 영원토록 동일하시니라.

-마태복음 15:30-31- 많은 무리가, 일어서지 못하는 이와 맹인과 지체 장애자와 말 못하는 이와 그 밖에 아픈 사람들을 많이 데리고 예수께로 와서, 그 발 앞에 놓았다. 예수께서는 그들을 고쳐 주셨다. 그래서 무리는, 말 못하는 이가 말을 하고, 지체 장애자가 성한 몸이 되고, 일어서지 못하는 이가 걸어 다니고, 맹인이 보는 것을 보면서 놀랐고, 이스라엘의 하나님께 영광을 돌렸다.

-요한복음 10:10- 도둑이 오는 것은 도둑질하고 죽이고 멸망시키려는 것뿐이요 내가 온 것은 양으로 생명을 얻게 하고 더 풍성히 얻게 하려는 것이라.

"히브리서 13:8절, 예수님은 어제나 오늘이나 영원히 동일하다고 말합니다."

"마태복음 15:30절에는, 예수님께서 여러 가지 문제를 가지고 있는 많은 사람들을 고치셨다고 했습니다."

"요한복음 10장 10절, 사탄은 죽이고, 훔치고, 파괴하러 오지만 예수님은 우리를 구원하여 풍성한 삶을 주기 위해서 오셨다고 했습니다."

"사실, 우리는 지금 이 자리에, 예수님이 우리와 함께 있음을 압니다. 만약 당신에게 치료 받아야 할 곳이 있다면 예수님은 마태복음 15장에서와 마찬가지로 지금 이 자리에서 고치시기 원하십니다. 사탄은 당신을 죽이고, 당신으로부터 빼앗으려고 왔습니다; 예수님은 당신에게 풍성한 삶을 주려 하십니다."

당신은 어쩌면 영적으로 마태복음 15:30절에 나오는 사람과 같을 수 있다.

"당신은 예수님과 견고하게 동행하고 있습니까? 아니면 사탄이 당신을 다리를 절도록 만들었습니까?"

🖐 다리를 절면서 걸어보라.

"예수님께서 이 자리에 계십니다. 그분께 간구하세요. 그가 당신을 치료하여 당신은 그와 함께 걸을 수 있을 것입니다."

"당신은 하나님이 일하는 곳을 볼 수 있습니까? 혹은 사탄이 절망으로 당신의 눈을 멀게 하였습니까?"

🖐 눈을 감으라.

"예수님께 이 자리에 계십니다. 그분께 간구하세요. 그가 당신을 치료하여 그가 일하는 곳을 다시 볼 수 있을 것입니다.

"당신은 당신 주변에 있는 사람들에게 예수님에 대한 좋은 소식을 나눕니까? 혹은 입을 닫고 살아갑니까?"

🖐 입을 다물라

"예수님께서 이 자리에 계십니다. 그분에게 간구하세요.

"당신은 다른 사람들을 돕습니까? 혹은 사탄이 당신을 상하게 하여 더 이상 주지 못하고 있습니까?

🖐 부상을 입은 사람처럼 팔을 하라.

"예수님께서 이 자리에 계십니다. 예수님께 간구하세요. 그가 당신을 치료하여 과거를 다 묻어 버리고 다시 그와 함께 걸을 수 있습니다.

"당신의 삶 속에서 온 마음으로 예수님을 따르는 것을 방해하는 무슨 문제가 있습니까?"

"어떤 고통이 있더라도, 예수님이 이 자리에 있으므로 당신을 치료할 수 있습니다. 예수님을 부르세요. 그 분이 당신을 치료하도록 하세요 그러면 하나님께 큰 영광을 돌리게 될 것입니다."

- 파트너와 함께 기도할 때에 그들이 온 마음으로 예수님을 따르는데 방해가 되는 것이 있다면 예수님께 치료해 달라고 기도하라고 말하라

7

가라

가라는 학습자들에게 예수님을 찾는 자로 소개한다. 찾는 자는 새로운 곳들, 잃어버린 영혼들, 그리고 새로운 기회들을 찾는다. 예수님께서는 어디 가서 사역하실지 어떻게 결정하셨을까? 그분은 혼자 결정하지 않았다. 하나님께서 어디서 일하시는지를 살폈다. 그는 하나님과 함께 했다; 그분은 하나님께서 그를 사랑하고 그에게 나타낼 것을 알았다. 우리는 어디에서 사역할지를 어떻게 결정해야 할까?-예수님의 방법대로 해야 한다.

하나님은 어디에서 일하는가? 그는 가난한 자들, 포로 된 자들, 병든 자들, 그리고 억눌린 자들 가운데서 일했다. 하나님께서 일하는 다른 장소는 우리 가족 안이다. 그분은 우리 모든 가족을 구원하시길 원한다. 학습자들은 사도행전 29장 지도에 사람들이 있는 곳과 하나님께서 일하시는 곳을 표시하라.

찬양

- 한 사람에게 하나님이 함께 하시고 복 주시기를 위해 기도하도록 부탁하라.

- 찬양이나 찬송가 두 곡을 부르라.

기도

- 학습자들이 파트너를 안 해본 사람과 함께 짝을 지어 그룹들을 만들도록 하라.

- C각 학습자는 다음의 질문에 대한 답을 서로 나누라:

    1. 당신이 구원받기를 바라는 사람들을 위해 우리가 어떻게 기도할까?

    2. 당신이 훈련시키는 그룹을 위해 우리가 어떻게 기도할까?

- 만약에 파트너가 다른 사람을 훈련 시키는 것을 시작하지 않았으면 그가 훈련 시킬 수 있는 사람이 있도록 기도하라.

- 파트너와 함께 기도하라..

학습

복습

각 복습 시간은 동일하다. 학습자들에게 이 전에 배운 수업들을 서서 암송하라고 하라. 그들이 손 동작을 하는지 확인하라. 아래 4개 레슨을 복습하라.

우리가 예수님처럼 사는데 도움이 되는 8개 그림이 무엇인가?

병사, 찾는자, 목자, 씨 뿌리는 자, 하나님의 아들, 거룩한 분, 종, 청지기

사랑

목자가 하는 세 가지 일은 무엇인가?

다른 사람들에게 가르쳐야 할 가장 중요한 계명은 무엇인가?

사랑은 어디서부터 오는 것인가?

간소한 예배는 무엇인가?

우리는 간소한 예배를 왜 드리는가?

간소한 예배를 드리는데 필요한 인원은 몇 명인가?

기도

성도가 하는 세 가지 일은 무엇인가?

우리는 어떻게 기도해야 하나?

하나님은 우리에게 어떻게 응답하는가?

하나님의 전화번호는 무엇인가?

순종

종이 해야 하는 세가지는 무엇인가?

누가 가장 높은 권세를 가졌는가?

예수님께서 모든 신자들에게 주신 4가지 계명은 무엇인가?

우리는 어떻게 예수님을 따를 것인가?

예수님이 우리에게 약속한 것은 무엇인가?

걷기

아들이 하는 세 가지 일은 무엇인가?

예수님의 사역에 있어서 능력의 근원은 무엇이었나?

예수님께서는 십자가 앞에서 신자들에게 성령님에 대해서 무엇을 약속하셨나?

예수님께서는 부활하신 후 신자들에게 성령님에 대해서 무엇을 약속하셨나?

우리가 지켜야 할 성령님에 관한 네 가지 계명은 무엇입니까?

예수님은 어떤 분인가?

-누가복음 19:10- 인자는 잃은 것을 찾아 구원하러 왔다.

"예수님은 찾는 자였습니다. 그는 길을 잃은 영혼들을 찾았습니다. 또한 그는 하나님의 뜻과 나라를 자신의 인생의 우선으로 찾았습니다.."

찾는자
✋두 손으로 눈을 가리고 앞 뒤를 보라.

찾는 자가 하는 세 가지 일은 무엇입니까?

-마가복음 1:37, 38- 만나서 이르되 모든 사람이 주를 찾나이다 이르시되 우리가 다른 가까운 마을들로 가자 거기서도 전도하리니 내가 이를 위하여 왔노라 하시고.

1. 찾는 자들은 새로운 곳을 찾아 다니는 것을 좋아합니다.

2. 찾는 자들은 길 잃은 영혼들을 찾는 것을 좋아합니다.

3. 찾는 자들은 새로운 기회들을 찾는 것을 좋아합니다.

"예수님께서는 찾는 자이시며 우리 안에 살고 계십니다. 우리가 그를 따를 때, 우리도 찾는 자들이 될 것입니다"

예수님께서는 어디서 사역하실 지 어떻게 결정하셨나요?

-요한복음 5:19, 20- 그러므로 예수께서 그들에게 이르시되 내가 진실로 진실로 너희에게 이르노니 아들이 아버지께서 하시는 일을 보지 않고는 아무 것도 스스로

할 수 없나니 아버지께서 행하시는 그것을 아들도 그와 같이 행하느니라 아버지께서 아들을 사랑하사 자기가 행하시는 것을 다 아들에게 보이시고 또 그보다 더 큰 일을 보이사 너희로 놀랍게 여기게 하시리라

"예수님께서는, '나 스스로는 할 수 없나니'라고 하셨습니다."

✋"아니"라는 표시로 한 손을 가슴 위에 얹고 머리를 흔들라.

"예수님께서는, '하나님이 어디서 일하는지 본다'라고 하셨습니다."

✋한 손을 눈 위에 얹고 왼쪽과 오른쪽을 살피라..

"예수님께서는, '하나님께서 일하시는 곳에 나도 일한다'라고 하셨습니다."

✋"예"라는 표시로 자신 앞쪽을 손가락으로 가리키며 머리를 흔들라.

"예수님께서는, '나는 하나님께서 나를 사랑하시고 그것을 보여줄 것을 안다'라고 하셨습니다."

✋두 손을 들고 찬양한 후 두 손을 가슴 위에 얹으라.

어디서 사역할지 어떻게 결정할까?

-요한일서 2:5, 6- 그러나 누구든지 하나님의 말씀을 지키면, 그 사람 속에서는 하나님께 대한 사랑이 참으로 완성됩니다. 이것으로 우리가 하나님 안에 있음을 압니다. 하나님 안에 있다고 하는 사람은 자기도 그리스도께서 사신 것과 같이 마땅히 그렇게 살아가야 합니다.

"우리가 어디에서 사역할지에 대한 결정은 예수님과 같은 방법으로 해야 합니다."

"나는 내 혼자는 아무것도 하지 않는다."

✋한 손을 가슴에 얹고 "아니오"라는 의미로 머리를 좌우로 흔들라.

"나는 하나님께서 일하시는 곳을 찾습니다."

✋한 손으로 눈을 가리고; 왼쪽 오른쪽으로 찾으라.

"하나님께서 일하시는 곳에 나도 동참합니다."

✋ 손으로 당신 앞쪽을 가리키며 "예"라는 의미로 머리를 끄덕이라.

"주님은 나를 사랑하시며 나에게 보여줄 것이라는 것을 압니다."

✋두 손을 들고 찬양을 드린 후 손을 가슴에 얹는다.

하나님이 일 함을 어떻게 알 수 있는가?

-요한복음 6:44- 나를 보내신 아버지께서 이끌지 아니하시면 아무도 내게 올 수 없으니 오는 그를 내가 마지막 날에 다시 살리리라

"만약 어떤 사람이 예수님에 대해서 더 배우고 싶어한다면 하나님이 일하고 있는 것입니다. 요한복음 6장 44절에 하나님 만에 사람들을 그에게로 이끈다고 했습니다. 우리는 영적인 씨를 뿌린 후에 반응이 있는지를 살핍니다. 만약 그들이 반응한다면 우리는 하나님의 일하심을 알 수 있습니다."

주님이 일하시는 곳은?

-누가복음 4:18-19- 주의 영이 내게 내리셨다. 주께서 내게 기름을 부으셔서, 가난한 사람들에게 기쁜 소식을 전하게 하셨다. 주께서 나를 보내셔서, 포로 된 사

람들에게 자유를, 눈먼 사람들에게 다시 보게 함을 선포하고, 억눌린 사람들을 풀어 주고, 주의 은혜의 해를 선포하게 하셨다."

1. 가난한 자

2. 포로 된 자

3. 병든 자

4. 억눌린 자

"주님이 사역한 곳은 주로 이런 곳이었습니다. 그것을 기억해야 합니다; 하지만 주님이 가난하고 억눌린 사람들을 위해서만 사역한 것은 아닙니다. 우리 자신의 노력으로, 우리는 모두를 도와주려고 합니다. 주님은 하나님께서 일하시는 곳을 보았고 그곳에 동참했습니다. 우리도 그렇게 해야만 합니다. 만약 우리가 억눌린 자들을 위해서만 사역하려고 한다면, 우리 자신의 뜻대로만 한다는 표시입니다."

예수님이 일하는 다른 곳은 어디인가?

"하나님이 당신 온 가족을 사랑 하신다는 것을 알고 있습니까? 하나님의 뜻은 가족 모두가 구원을 받고 그와 함께 영원히 살기를 바라는 것입니다. 성경에는 하나님께서 여러 번 전 가족을 구원하셨습니다.

귀신 들린 사람-마가복음 5장

"귀신 들린 사람은 완전히 변화되었습니다. 그는 예수님과 함께 가려고 했지만 예수님은 가족에게 가서 일어난 일을 말하라고 했습니다. 주변 마을의 많은 사람들은 예수님이 행한 일로 인해서 놀랐습니다. 하나님이 한 사람을 구원하면 그 사람 주변에 있는 많은 사람도 구원하길 원하십니다."

골넬료-사도행전 10장

"하나님께서는 베드로에게 고넬료에게 가서 말씀을 전하라고 하셨습니다. 베드로가 말씀을 전할 때 고넬료와 말씀을 듣는 자들에게 성령이 임했습니다. 고넬료도 믿었지만 그 주변에 있던 사람들도 믿게 되었습니다."

빌립보 간수-사도행전 16장

"지진으로 인해서 감옥 문이 열렸지만 바울과 실라는 감옥에 남아 있었습니다. 간수는 이 일로 인해서 놀랐고, 예수님을 영접했습니다. 하나님은 그의 전 가족도 구원했습니다."

"여러분 가족 모두가 구원 받고 영원히 함께 할 것에 대해서 포기하지 말고 계속 기도하세요."

암송 구절

-요한복음 12:26- 나를 섬기려고 하는 사람은, 누구든지 나를 따라오너라. 내가 있는 곳에는, 나를 섬기는 사람도 나와 함께 있을 것이다. 누구든지 나를 섬기면, 내 아버지께서 그를 높여주실 것이다.

- 모든 사람은 일어나서 암송구절을 열 번 암송하라. 처음 여섯 번 할 때 학습들은 성경이나 학생노트를 사용해도 된다. 마지막 네 번 할 때는 암기로만 해야 한다. 학습자들은 성경 구절을 암송하기 전에 매번 성경 본문을 말하고 다 끝난 후에는 앉으면 된다.

- 이 과정을 사용하면 어떤 팀들이 "실습"부분을 마쳤는지 트레이너들이 알 수 있다.

실습

- 이 세션의 기도 파트너와 얼굴을 마주보고 앉도록 하라. 파트너들은 교대로 그 레슨을 가르치라.

    "그룹에서 가장 나이가 많은 사람이 리더가 됩니다."

- 27페이지에 있는 훈련 자들 훈련 과정을 따르라..

- 그들에게 학습 부분에 있는 모든 것을 당신이 가르친 대로 똑같이 하라고 하라.

    "제가 당신과 한 것처럼 똑같이 질문들을 하고, 성경을 읽고, 질문에 답하세요."

- 서로에게 수업을 가르친 후, 학습자들에게 파트너를 바꿔서 또 번갈아 가면서 수업을 가르치라고 하라. 그것을 완료하면 학습자들에게 훈련이 마친 후 이 수업을 가르쳐줄 다른 사람 한 명을 생각하라고 하라.

    "시간을 좀 드릴 테니 이 훈련을 마친 후에 배운 내용을 가르쳐줄 사람을 생각해보세요. 그 사람의 이름을 이 레슨 첫 페이지 맨 위에 적으세요."

마무리

사도행전 29장 지도- 2편 ✎

"사도행전 29장 지도에 예수님이 일하는 곳들을 그리고 표시하세요. 지도에 당신이 아는 예수님이 일하는 곳 다섯 군데를 십자가로 표시하세요. 하나님께서 그곳에서 어떻게 일하시는지 설명하세요."

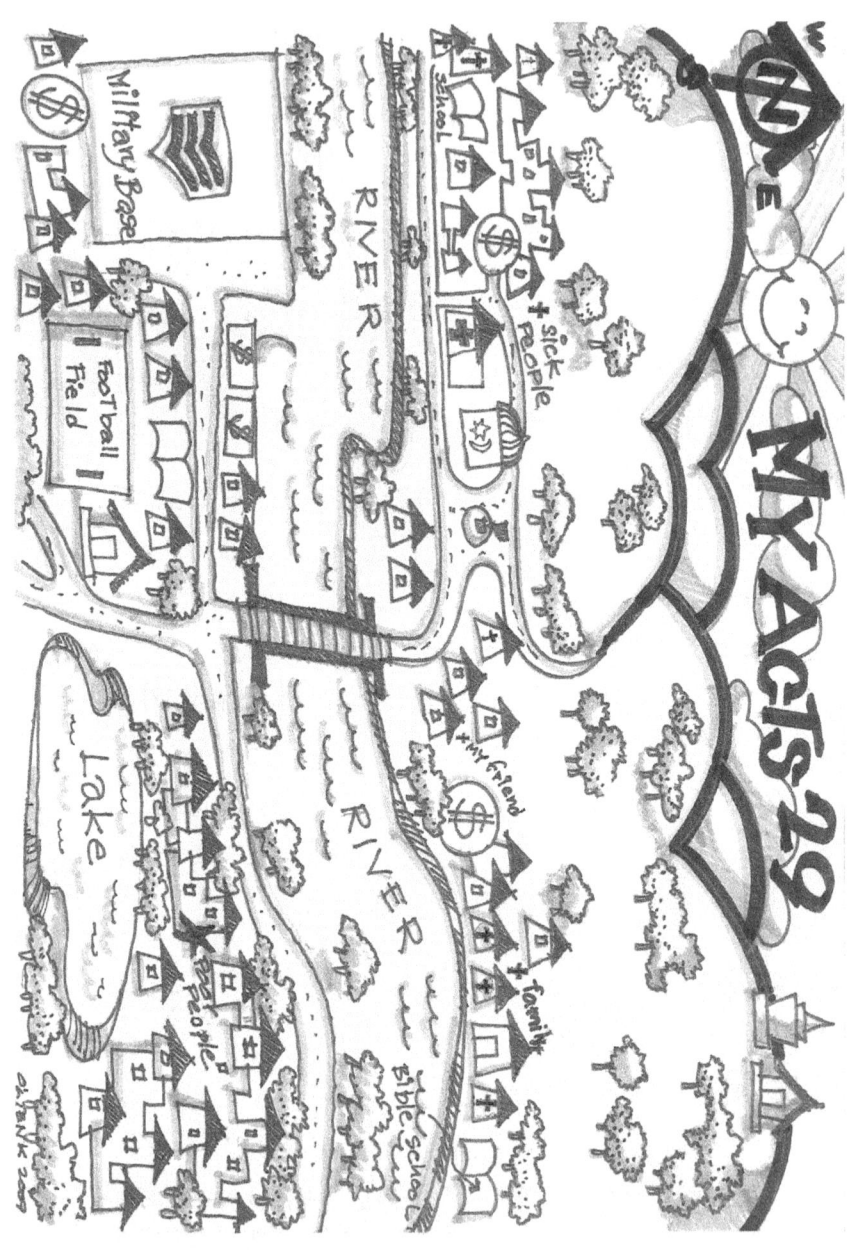

8

나눔

나눔은 예수님을 군인으로 소개한다. 군인들은 고통을 참으며 포로들을 석방시키기 위해서 싸운다.

하나님이 일하시는 곳에 우리가 참여함과 동시에 영적인 전쟁을 만나게 된다. 신자들이 어떻게 사탄을 물리칠 수 있는가? 우리는 십자가 위에서의 예수님의 죽음, 간증을 나누고, 믿음을 지키기 위해서 죽음까지도 두려워하지 않는 것들을 통해서 사탄을 물리칠 수 있다.

예수님을 만나기 전 나의 삶, 어떻게 예수님을 만났는지 그리고 예수님을 만난 후에 삶이 얼마나 달라졌는지에 대한 간증은 아주 강력하다. 간증은 3~4분 정도할 때, 예수님을 영접한 나이를 말하지 않을 때(왜냐하면 나이는 중요하지 않다), 우리의 불신자들이 이해할 수 있는 언어를 사용할 때에 큰 효과를 볼 수 있다.

세션은 시합으로 끝낸다: 자기가 아는 불신자 이름 40명을 가장 먼저 쓰기. 상은 1등, 2등, 3등까지 있지만 결국 우리가 어떻게 복음을 증거하는지 알 때에 우리 모두 "승자"가 될 것이기 때문에 모두가 상을 받게 된다.

찬양

- 한 사람에게 하나님이 함께 하시고 복 주시기를 위해 기도하도록 부탁하라.

- 찬양이나 찬송가 두 곡을 부르라.

기도

- 학습자들이 파트너를 안 해본 사람과 함께 짝을 지어 그룹들을 만들도록 하라.

- 각 학습자는 다음의 질문에 대한 답을 서로 나누라:

    1. 당신이 구원받기를 바라는 사람들을 위해 우리가 어떻게 기도할까?

    2. 당신이 훈련시키는 그룹을 위해 우리가 어떻게 기도할까?

- 만약에 파트너가 다른 사람을 훈련 시키는 것을 시작하지 않았으면 그가 훈련 시킬 수 있는 사람이 있도록 기도하라.

- 파트너와 함께 기도하라..

학습

복습

각 복습 시간은 동일하다. 학습자들에게 이 전에 배운 수업들을 서서 암송하라고 하라. 그들이 손 동작을 하는지 확인하라.
아래 4개 레슨을 복습하라.

    우리가 예수님처럼 사는데 도움이 되는 8개 그림이 무엇인가?

    병사, 찾는자, 목자, 씨 뿌리는 자, 하나님의 아들, 거룩한 분, 종, 청지기

    기도

        성도가 하는 세 가지 일은 무엇인가?

        우리는 어떻게 기도해야 하나?

하나님은 우리에게 어떻게 응답하는가?

하나님의 전화번호는 무엇인가?

순종

종이 해야 하는 세가지는 무엇인가?

누가 가장 높은 권세를 가졌는가?

예수님께서 모든 신자들에게 주신 4가지 계명은 무엇인가?

우리는 어떻게 예수님을 따를 것인가?

예수님이 우리에게 약속한 것은 무엇인가?

동행

아들이 하는 세 가지 일은 무엇인가?

예수님의 사역에 있어서 능력의 근원은 무엇이었나?

예수님께서는 십자가 앞에서 신자들에게 성령님에 대해서 무엇을 약속하셨나?

예수님께서는 부활하신 후 신자들에게 성령님에 대해서 무엇을 약속하셨나?

우리가 지켜야 할 성령님에 관한 네 가지 계명은 무엇입니까?

가라

찾는 자가 하는 세 가지 일은 무엇인가?

예수님께서는 어디서 사역하실지 어떻게 결정하셨나?

우리는 어디서 사역할지 어떻게 결정해야 할까?

우리는 하나님이 일하는지 어떻게 알 수 있을까?

예수님께서는 어디서 일하시나?

예수님께서 일하시는 다른 곳은 어딘가?

예수님은 어떤 분인가?

-마태복음 26:53- 너는 내가 내 아버지께 구하여 지금 열두 군단 더 되는 천사를 보내시게 할 수 없는 줄로 아느냐.

"예수님은 병사입니다. 그는 열두 군단 더 되는 천사를 자신의 방어를 위해 부르실 수 있습니다 왜냐하면 예수님은 하나님의 군사의 사령관이기 때문입니다. 그는 사탄과 영적인 전쟁을 하고 마지막에 십자가에서 사탄을 무찌르셨습니다."

병사
　N칼을 들라.

병사가 하는 세 가지 일은 무엇입니까?

-마가복음 1:12-15- 성령이 곧 예수를 광야로 몰아내신지라 광야에서 사십 일을 계시면서 사탄에게 시험을 받으시며 들짐승과 함께 계시니 천사들이 수종 들더라 요한이 잡힌 후 예수께서 갈릴리에 오셔서 하나님의 복음을 전파하여 이르시되 때가 찼고 하나님의 나라가 가까이 왔으니 회개하고 복음을 믿으라 하시더라.

1. 병사들은 적과 싸운다.

"예수님께서는 적과 싸우셔서 승리하셨습니다."

2. 병사들은 고통을 받는다.

"예수님께서는 세상에 사실 때 많은 고통을 겪으셨습니다."

3. 병사들은 포로들을 해방시켜준다.

"예수님의 왕국은 사람들을 해방시키려고 왔습니다."

"예수님은 군사입니다. 그는 하나님의 군대를 지휘하고 영적 전쟁에서 사탄과 대적합니다. 예수님은 우리를 위해서 십자가에서 승리했습니다. 예수님께서 우리 안에 계시기 때문에 우리도 승리하는 군사들이 될 수 있습니다. 우리는 우리의 지휘관을 기쁘시게 하기 위해서, 포로 된 자들을 해방시키기 위해서 고통을 견디며 영적인 전쟁을 합니다."

우리는 어떻게 사탄을 무찌를 수 있을까?

-요한계시록 12:11- *우리의 동료들은 어린 양이 흘린 피와 자기들이 증언한 말씀을 힘입어서 그 악마를 이겨냈다. 그들은 죽기까지 목숨을 아끼지 않았다.*

어린양의 보혈로

"우리는 예수님께서 십자가에서 흘리신 보혈로 인해서 사탄을 이길 수 있습니다. 우리는 예수님과 그가 행하신 일들로 인해서 정복자 이상입니다."

어린양의 보혈
✋중지로 양 손바닥을 가리키라- 십자가에 못박힌 것을 보여주는 수화.

"당신이 영적인 전쟁을 할 때, 예수님께서 십자가 위에서 사탄을 무찌르셨다는 것을 기억하세요! 사탄은 예수님을 볼 때마다 흔들리고, 흐느끼고 웁니다. 그는 예수님께 자신을 가만히 내버려달라고 간구합니다."

"좋은 소식은 예수님께서 우리 안에 계신다는 것입니다. 그렇기 때문에 사탄이 우리 안에 계신 예수님 볼 때 그는 흔들리고 흐느낍니다. 사탄은 아기처럼 웁니다! 사탄은 예수님께서 십자가에서 돌아가셨기 때문에 처음부터 우리에게 패한 적입니다! 잊지 마세요: 아무리 상황이 어려울 지라도, 우리는 승리합니다! 우리는 승리합니다! 우리는 승리합니다!"

우리의 간증

"우리의 간증이라는 강력한 무기로 사탄을 이깁니다. 예수님께서 우리 삶에 행하신 간증에 대해서 아무도 반박할 수 없습니다. 우리는 이 무기를 언제든지 어디에서나 사용할 수 있습니다."

간증
✋다른 사람에게 말하는 흉내로 손을 컵 모양으로 만들어 입에 대어라.

죽음을 두려워하지 않음

"우리가 하나님과 영원히 함께 한다는 것은 보장된 것입니다. 그와 함께지내는 것이 더욱 좋습니다; 하지만 우리가 이 땅에 있는 것은 복음을 전하기 위함입니다. 우리는 패배할 수 없습니다!"

죽음을 두려워하지 않음
✋수갑 차고 있는 흉내로 손목을 함께 모으라.

강력한 간증의 개요는 무엇인가?

예수를 만나기 전 나의 삶

이전의 삶
✋당신 앞에 왼쪽을 지시하라.

"기독교인이 되기 전의 삶을 말하세요. 만약 당신이 기독교 집안에서 자랐다면, 불신자들은 기독교 집안에 대해서 흥미롭게 들을 것입니다."

어떻게 예수님을 만났는가?

어떻게
🖐당신 앞 가운데를 가리키라.

"당신이 어떻게 예수님을 믿게 되었고, 따르는지를 설명하세요"

나의 인생은 예수를 만난 후부터

부터
🖐오른쪽으로 돌아 머리를 위 아래로 흔들라.

"회심 후에 예수님을 따르는 삶이 어떠했는지 그리고 예수님과의 관계는 당신의 삶에 있어서 무슨 의미가 있는지 말해보세요"

간단한 질문을 하라.

"간증 후에 예수님을 따르는 삶에 대해서 더 듣고 싶습니까?"라고 물어보라. 이 질문은 "하나님께서 일하십니까?"라는 질문입니다."

🖐관자놀이를 가리키라–그 질문에 대해서 생각하는 것처럼

"만약에 그들이 "예"라고 대답하면 하나님께서 현재 역사하고 계신다는 것으로 아세요. 하나님만이 사람들을 그에게로 이끌 수 있습니다. 그 시점에서, 예수님을 따르는 것에 대해서 더 나누세요."

"만약에 그들이 "아니오"라고 대답해도 하나님은 역사하시지만 그들이 아직 그에게 응답할 준비가 되지 않았습니

다. 그들에게 축복 기도를 해도 되겠느냐고 물어보고, 기도한 후 당신의 일을 하십시오."

간증 하는 자를 위한 중요한 가이드 라인은?

처음 간증은 3~4분으로 제한하라.

"이 세상에는 많은 잃어버린 영혼들이 있습니다; 처음 하는 짧은 간증은 누가 응답하는지, 응답하지 않는지를 아는데 도움을 줍니다. 무엇보다 성령님의 인도를 따르세요. 새로운 신자들은 3~4분의 간증이 3~4시간 간증 보다 편안하게 느낍니다."

처음 믿었을 때 나이를 말하지 말라.

"당신이 예수를 처음 믿었을 때의 나이는 중요치 않습니다. 나이를 말하면 간증할 때에 불신자에게 잘못된 메시지를 전할 가능성이 있습니다. 만약 그들은 당신이 처음 믿었을 때 보다 젊었으면, 그들은 조금 더 있다가 믿어도 되겠다는 생각을 할 수도 있습니다. 만약에 그들이 당신이 처음 믿을 때보다 나이가 많다면 그들은 이미 기회를 놓쳤다고 생각할 수도 있습니다. 성경은 오늘이 구원의 날이라고 말합니다. 대화에서 당신의 나이를 말하는 것은 그 상황을 혼란스럽게 할 뿐입니다."

기독교 용어를 사용하지 말라

"사람들이 신자가 된 후에도 한참 지나야 다른 기독교인들이 사용하는 언어에 익숙해지기 시작합니다. 따라서 '어린양의 피로 씻음 받았습니다.' 혹은 '예배당 통로 내려갔습니다.' 혹은 '목사님과 대화를 나누었습니다.' 같은 어휘들은 불신자들에게 외국어와 같이 들립니다. 우리는 가능한 기독교 용어를 덜 사용하여 더욱 분명하게 이해하도록 간증해야 합니다."

암송구절

-고린도전서 15:3, 4- 내가 받은 것을 먼저 너희에게 전하였노니 이는 성경대로 그리스도께서 우리 죄를 위하여 죽으시고 장사 지낸 바 되셨다가 성경대로 사흘 만에 다시 살아나사

- 모든 사람은 일어나서 암송구절을 열 번 암송하라. 처음 여섯 번 할 때 학습들은 성경이나 학생노트를 사용해도 된다. 마지막 네 번 할 때는 암기로만 해야 한다. 학습자들은 성경 구절을 암송하기 전에 매번 성경 본문을 말하고 다 끝난 후에는 앉으면 된다.

실습

- 학습자들에게 조금 전에 가르친 간증의 개요를 사용하여 노트에 그들의 간증을 적으라고 말하라. 그들에게 주어지는 시간은 10분이며, 그 후에는 한 사람을 불러서 그룹에게 간증을 시킬 것이라고 말하라.

- 10분이 지나면, 학습자들에게 볼펜을 내려놓으라고 하라. 곧 한 사람을 지명하여 그룹에게 그 간증을 시킬 것임을 말하라. 몇 초를 기다린다. 그리고 당신 자신이 그 그룹에서 간증하겠다고 말한다. 그러면 그들은 안도의 한숨을 쉬며 기뻐할 것이다!

- 위의 간증 개요와 안내서를 따라 간증을 하라. 간증 마지막에 한 단계씩 가이드라인을 따라 가다가, 학습자들에게 당신이 한 간증이 제대로 된 것인지 질문하라.

- ₩이 레슨의 "실습"시간에는 학습자들의 시간을 제기 위해서 시계를 사용할 것이다. 학습자들에게 두 사람씩 짝을 지어 3분 동안 서로 간증 하도록 시켜라.

    "목소리가 가장 큰 사람이 리더가 되어, 제일 먼저 간증을 한다.

- 그 짝 중에 첫 번째 사람이 시간을 재고 3분이 되면 "그만"이라고 말하라. 그 학습자가 효과적인 간증을 위해서 간증의 개요와 4가지 가이드 라인을 사용했는지 다른 학습자들에게 물어보라. 그 후에, 그 짝에서 두 번째 사람에게 3분 동안 간증을 하도록 말하라. 다시, 학습자들에게 질의 응답을 하라.

- 파트너끼리 간증을 나누었으면 새로운 파트너와 짝하여 간증을 나누도록 하라. 다시 그 그룹을 짝으로 나눠서 간증을 하는데, 4번 정도 그렇게 하라.

- 서로에게 그 레슨을 가르친 후에, 학습자들에게 이 훈련이 끝난 후에 누구에게 이 레슨을 나눌 것인지 물어보라. 그들에게 이 레슨 첫 페이지 맨 위에 그 사람의 이름을 적도록 시키라.

소금과 설탕 ☙

마음에서 울어나는 것을 나누는 것이 얼마나 중요한지에 대한 강조를 하기 위해서 이것을 질의 응답 시간에 사용하라.

> "신선하고 잘 익은 과일은 언제나 맛이 좋습니다! 달아서 당신의 입을 즐겁게 합니다! 내가 노랗고, 단 파인애플을 생각하면 내 입에 군침이 돕니다."

> "나는 여러분들이 과일을 더 맛있게 만들 수 있다는 것을 압니다. 설탕, 소금 혹은 고추 가루를 조금 넣습니다. 아주 맛이 좋습니다. 이제 맛을 볼 수 있겠네요!"

> "이와 같이 당신이 공부를 가르치거나 복음을 전할 때 하나님의 말씀은 항상 과일처럼 좋습니다. 우리는 예수님이 좋다는 것을 맛보고 눈으로 봐야 합니다. 하지만 당신이 마음에서 나오는 감정을 드러내며 나눌 때 그것은 설탕, 소금, 아니면 고추 가루를 과일에다가 뿌리는 것과 같습니다. 과일을 더욱 더 맛있게 해줍니다!"

마무리

누가 예수님을 안 믿는 40명의 이름들을 제일 빨리 적을 수 있나? ☙

- 모두에게 공책을 꺼내서 숫자를 1부터 40까지 적으라고 하세요.

  "우리는 지금 시합을 할 것입니다. 우리는 1등부터 3등까지 상을 줄 것입니다."

- 모든 사람에게 당신이 "시작!"이라고 하면 그들이 아는 예수님을 믿지 않는 40명의 이름들을 쓰라고 하라. 그들의 이름이 기억나지 안으면 그냥 "이발사"나 "우체부"라고 쓰면 된다. 당신이 시작이라고 하기 전까지 아무도 시작하지 못하게 하라.

- 어떤 이들은 당신이 규칙을 설명하는 동안 시작 할 수도 있다. 당신이 규칙을 설명하는 동안 학습자들에게 펜을 위로 들라고 하는 것도 도움이 될 것이다.

- 시합을 시작하고 명단을 끝낸 사람들은 일어서라고 말하라. 1등부터 3등까지 상을 주라.

  "신자들은 주로 두 가지 이유 때문에 자신의 신앙을 나누지 못한다고 합니다. 어떻게 하는 줄 모르거나, 누구에게 복음을 나눌지 모릅니다. 이 수업에서 우리는 두 문제를 다 해결했습니다. 당신은 이제 복음을 어떻게 전하는 줄 알며, 복음을 전해줄 사람들의 명단도 갖고 있습니다."

- 학습자들에게 자기의 간증을 나눌 다섯 명의 이름 옆에다가 별표를 치게 하라. 그들에게 다음 주에 그들에게 간증을 나누라고 격려해주라.

  "당신의 손을 보세요.. 당신의 다섯 손가락이 예수님을 믿지 않는 사람들 다섯 명을 위해 기도하는 것을 상기시킬 거에요. 당신이 설거지를 하거나, 무엇을 적고 있든가, 아니면 컴퓨터로 타자를 칠 때 당신의 다섯 손가락을 보고 기도해야 한다는 것을 기억하도록 하세요."

- 학습자들에게 그룹으로 소리를 내어 자신의 명단에 있는 예수님을 믿지 않는 사람들을 위해 기도하라고 하라.

- 기도 시간이 끝난 후, 모든 사람에게 사탕을 하나씩 주며 말하라. "우리 모두는 승리자 입니다 왜냐하면 우리는 복음을 어떻게 전하는 줄 알고 또한 누구에게 전할 줄도 압니다."

나눔 137

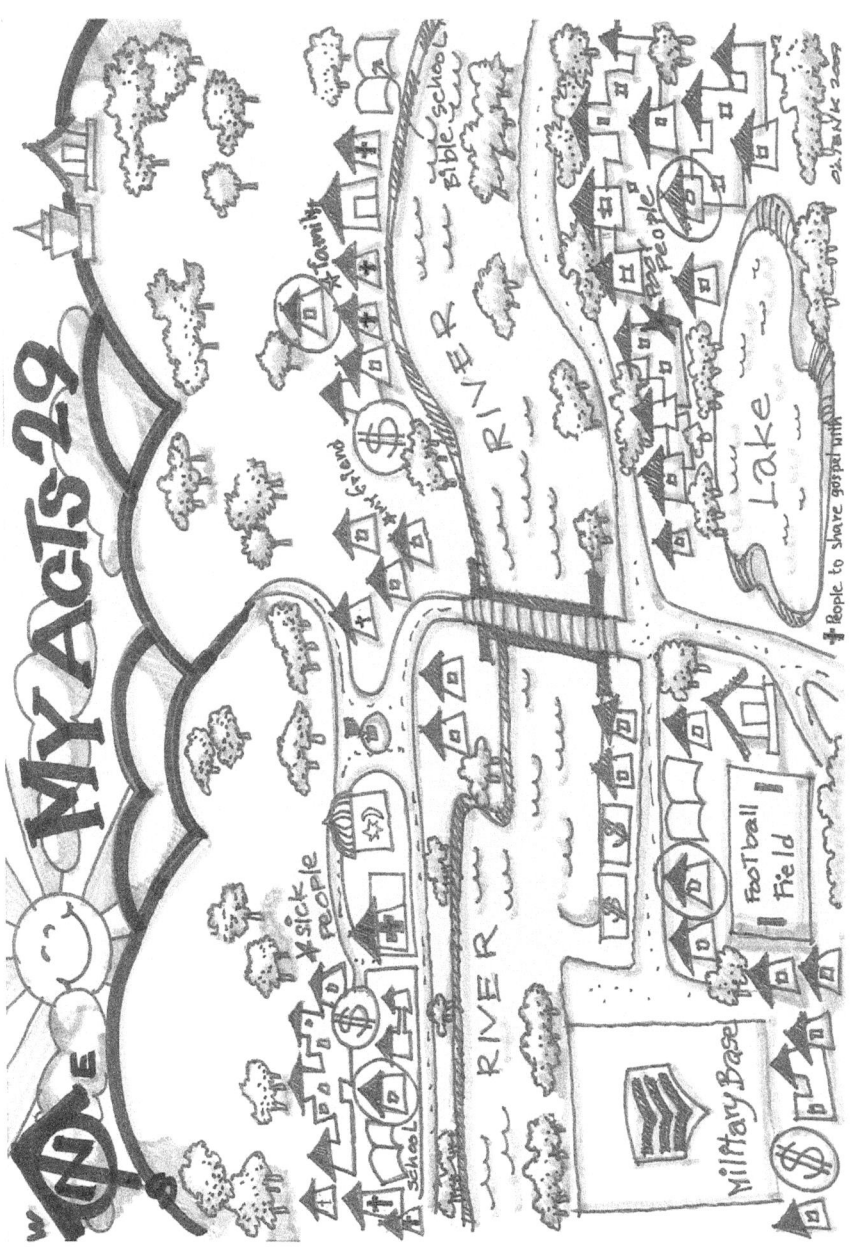

9

씨 뿌리기

씨 뿌리기 에서는 예수님을 씨를 뿌리는 자로 소개한다. 뿌리는 자는 밭에 씨를 뿌리고 큰 수확을 거두며 기뻐한다. 예수님은 씨를 뿌리는 자이며 그는 우리 안에 거한다; 우리가 그를 따를 때, 우리도 씨 뿌리는 자가 될 것이다. 우리가 적게 뿌리면, 우리는 적게 거둔다. 우리가 많이 뿌리면 많이 거둔다.

사람들의 삶에 무엇을 뿌릴 것인가? 단순한 복음을 뿌리면 그들을 변화시켜 그들을 하나님의 가족 안으로 들어오게 한다. 하나님께서 한 사람의 삶에서 일하심을 알게 될 때, 우리는 그에게 단순한 복음을 전하면 된다. 그를 구원하는 것은 하나님의 능력이라는 것을 우리는 잘 안다.

찬양

- 한 사람에게 하나님이 함께 하시고 복 주시기를 위해 기도하도록 부탁하라.

- 찬양이나 찬송가 두 곡을 부르라.

기도

- 학습자들이 파트너를 안 해본 사람과 함께 짝을 지어 그룹들을 만들도록 하라.

- 각 학습자는 다음의 질문에 대한 답을 서로 나누라:

1. 당신이 구원받기를 바라는 사람들을 위해 우리가 어떻게 기도할까?

2. 당신이 훈련시키는 그룹을 위해 우리가 어떻게 기도할까?

- 만약에 파트너가 다른 사람을 훈련 시키는 것을 시작하지 않았으면 그가 훈련 시킬 수 있는 사람이 있도록 기도하라.

- 파트너와 함께 기도하라..

학습

복습

각 복습 시간은 동일하다. 학습자들에게 이 전에 배운 수업들을 서서 암송하라고 하라. 그들이 손 동작을 하는지 확인하라. 아래 4개 레슨을 복습하라.

우리가 예수님처럼 사는데 도움이 되는 8개 그림이 무엇인가?

병사, 찾는자, 목자, 씨 뿌리는 자, 하나님의 아들, 거룩한 분, 종, 청지기

순종

종이 해야 하는 세가지는 무엇인가?

누가 가장 높은 권세를 가졌는가?

예수님께서 모든 신자들에게 주신 4가지 계명은 무엇인가?

우리는 어떻게 예수님을 따를 것인가?

예수님이 우리에게 약속한 것은 무엇인가?

걷기

아들이 하는 세 가지 일은 무엇인가?

예수님의 사역에 있어서 능력의 근원은 무엇이었나?

예수님께서는 십자가 앞에서 신자들에게 성령님에 대해서 무엇을 약속하셨나?

예수님께서는 부활하신 후 신자들에게 성령님에 대해서 무엇을 약속하셨나?

우리가 지켜야 할 성령님에 관한 네 가지 계명은 무엇인가?

가라

찾는 자가 하는 세 가지 일은 무엇인가?

예수님께서는 어디서 사역하실지 어떻게 결정하셨나?

우리는 어디서 사역할지 어떻게 결정해야 할까?

우리는 하나님이 일하는지 어떻게 알 수 있을까?

예수님께서는 어디서 일하시나?

예수님께서 일하시는 다른 곳은 어딘가?

나눔

군인들이 하는 세가지는 무엇인가?

우리는 어떻게 사탄을 물리칠 것인가?

효과적인 간증의 개요는 무엇인가?

따르는 자들에게 중요한 가이드라인은 무엇인가?

예수님은 어떤 분인가?

-마태복음 13:36, 37- 그 뒤에 예수께서 무리를 떠나서, 집으로 들어가셨다. 제자들이 그에게 다가와서 "밭의 가라지 비유를 우리에게 설명하여 주십시오" 하고 말하였다. 예수께서 이렇게 말씀하셨다. "좋은 씨를 뿌리는 이는 인자요,

"예수님은 씨 뿌리는 자이며 추수 밭의 주인이시다.

씨 뿌리는 자
☞손으로 씨를 뿌려라.

씨 뿌리는 자가 하는 세 가지는 무엇인가?

-마가복음 4:26-29- 또 이르시되 하나님의 나라는 사람이 씨를 땅에 뿌림과 같으니 그가 밤낮 자고 깨고 하는 중에 씨가 나서 자라되 어떻게 그리 되는지를 알지 못하느니라 땅이 스스로 열매를 맺되 처음에는 싹이요 다음에는 이삭이요 그 다음에는 이삭에 충실한 곡식이라 열매가 익으면 곧 낫을 대나니 이는 추수 때가 이르렀음이라

1. 뿌리는 자는 좋은 씨를 뿌린다.

2. 뿌리는 자는 밭에 뿌린다.

3. 뿌리는 자는 수확을 기대한다.

"예수님은 뿌리는 자이며 우리 안에 계십니다. 그분은 우리 마음속에 좋은 씨를 뿌렸으나 사탄은 나쁜 씨를 뿌리려고 합니다. 예수님이 뿌린 씨는 영생으로 인도합니다. 우리가 주님을 따르면, 우리도 씨 뿌리는 자가 됩니다. 우리

는 복음의 좋을 씨를 뿌릴 것입니다. 우리는 하나님이 보내시는 밭에 뿌릴 것이며, 풍성한 수확을 기대합니다."

단순한 복음은 무엇인가?

-누가복음 24:1-7- 안식 후 첫날 새벽에 이 여자들이 그 준비한 향품을 가지고 무덤에 가서 돌이 무덤에서 굴려 옮겨진 것을 보고 들어가니 주 예수의 시체가 보이지 아니하더라 이로 인하여 근심할 때에 문득 찬란한 옷을 입은 두 사람이 곁에 섰는지라 여자들이 두려워 얼굴을 땅에 대니 두 사람이 이르되 "어찌하여 살아 있는 자를 죽은 자 가운데서 찾느냐 여기 계시지 않고 살아나셨느니라 갈릴리에 계실 때에 너희에게 어떻게 말씀하셨는지를 기억하라 이르시기를 '인자가 죄인의 손에 넘겨져 십자가에 못 박히고 제삼일에 다시 살아나야 하리라 하셨느니라' 한대"

첫째…

"하나님은 완전한 세상을 창조했습니다."

✋두 손으로 큰 원을 만들라.

"하나님은 그 분의 가족으로 사람을 만들었습니다."

✋두 손을 모으라

둘째…

"인간이 하나님께 불 순종하여 죄와 고통이 세상으로 들어왔습니다."

✋주먹을 올려서 싸우는 흉내를 내라.

"그래서 사람들은 하나님의 가족에게서 떠나야 했습니다."

✋두 손을 모았다가 서로 멀리 떼어라.

셋째…

"하나님께서는 그의 아들을 보내시고 죽게 했습니다. 그분께서는 완전한 삶을 사셨습니다."

✋머리 위로 두 손을 올렸다가 내리는 동작을 하라.

"예수님께서 우리 죄를 위해서 십자가 위해서 죽었습니다."

✋중지 손가락을 들어 다른 손바닥에 갖다 대어라.

"그는 장사 되었습니다."

✋왼손으로 오른쪽 팔꿈치를 잡고 뒤로 움직여 묻히는 것처럼 하라.

"하나님은 제3일에 그를 살리셨습니다."

✋세 손가락으로 팔꿈치를 다시 올려라.

"하나님은 우리의 죄를 위한 예수님의 희생을 보았고, 그것을 받아드렸습니다."

✋손바닥을 밖으로 향하게 하여 손을 아래로 한 후에 팔을 올려 가슴에 포개어 얹으라.

넷째…

"예수님을 믿는 사람은 그들의 죄값을 지불했습니다."

✋손을 돌려서 당신이 믿는 사람 위에 얹으라.

"…죄 회개…"

✋손바닥을 펴서 얼굴 방패로 막아라; 머리를 돌려라.

"…구원을 요청하십시오…"

✋손을 컵 모양으로 하라.

"…하나님의 가족이 된 것을 환영합니다."

✋두 손을 모으라.

"당신은 하나님의 가족으로 돌아올 준비가 되었습니까? 함께 기도할 때에 하나님께서는 완전한 세상을 만드셨으며, 당신의 죄를 위해서 그분의 아들을 보내서 죽게 했다고 말하세요. 죄를 회개하시고, 당신을 다시 하나님의 가족으로 받아 달라고 요청하세요."

- 중요하다! 이제는 당신이 훈련하고 있는 모든 사람이 진정한 신자라는 확신을 가져야 한다. "당신은 하나님의 가족으로 돌아올 준비가 되었습니까?"라는 질문에 대답할 기회를 주라.

- 간단한 복음 제시를 여러 번 반복하여 학습자들이 완전히 마스터 하도록 하라. 우리의 경험으로는, 신자들이 그들의 믿음을 어떻게 나누는지에 대해서 잘 모르기 때문에, 모두가 간단한 복음의 뜻을 이해할 때까지 시간을 투자하라.

- 학습자들이 배운 것들과 손동작을 완전히 익혀서 그 레슨을 마스터 할 때까지 도우라. 첫째 포인트부터 시작하여 몇 번 반복하라. 그 후에, 두 번째 포인트를 나누고 여러 번 반복하라. 다음에는 첫째 포인트와 둘째 포인트를 함께 여러 번 반복하라. 후에, 셋째 포인트를 나누고 여러 번 반복하라. 그 다음에는 포인트 1-3까지를 하라. 마지막으로 넷째 포인트를 가르치고 여러 번 반복하라. 학습자들은 모든 배운 것들을 손동작과 함께 보여줄 수 있도록 마스터 할 때까지 여러 번 반복해야 한다.

암송구절

-누구복음 8:15- 좋은 땅에 있다는 것은 착하고 좋은 마음으로 말씀을 듣고 지키어 인내로 결실하는 자니라

- 모든 사람은 일어나서 암송구절을 열 번 암송하라. 처음 여섯 번 할 때 학습들은 성경이나 학생노트를 사용해도 된다. 마지막 네 번 할 때는 암기로만 해야 한다. 학습자들은 성경 구절을 암송하기 전에 매번 성경 본문을 말하고 다 끝난 후에는 앉으면 된다.

실습

- 반드시 읽으라! 씨 뿌리는 레슨의 실습 부분은 다른 실습 시간과는 다르다.

- 학습자들에게 기도 파트너와 얼굴을 마주보고 서게 하라. 두 학습자는 손 동작과 함께 간단한 복음을 반복해야 한다.

- 첫 번째 짝과 마친 후에 모두는 다른 파트너를 찾아서 서로 마주보고 서서 손 동작과 함께 간단한 복음을 제시한다.

- 두 번째 짝과 마친 후 학습자들은 새로운 파트너를 찾아서 손 동작과 함께 간단한 복음을 전해야 하는데 여덟 명과 할 때까지 계속한다.

- 학습자들이 여덟 명과 실습을 한 후, 그룹으로 손 동작과 함께 간단한 복음을 전할 사람이 있는지 물어보라. 여러 번 연습을 한 후에 그들이 얼마나 잘하는지를 보면 당신은 놀랄 것이다.

복음의 씨앗 뿌리는 것을 기억하라.

"복음의 씨앗 뿌리는 것을 기억하세요! 당신이 씨를 뿌리지 않는다면 추수를 하지 못할 것입니다. 만약 당신이 씨를 조금만 뿌린다면, 조금만 추수할 것입니다. 만약 당신

이 많은 씨를 뿌린다면 하나님께서 풍성한 수확으로 복 주실 것입니다. 어떤 추수를 원합니까?"

"만약 당신이 예수님에 대해서 더 알기 원하는 사람이 있는지 물었을 때 그들이 "예"라고 말하면 그 때가 바로 복음의 씨를 뿌릴 때입니다. 하나님께서 그들의 삶에서 역사하시고 계십니다."

"복음의 씨를 뿌리세요! 씨 뿌리지 않음=추수 없음. 예수님은 씨 뿌리는 자이며 그 분은 큰 수확을 원하십니다."

"시간을 좀 드릴 테니 이 훈련을 마친 후에 배운 내용을 가르쳐줄 사람을 생각해보세요. 그 사람의 이름을 이 레슨 첫 페이지 맨 위에 적으세요."

마무리

사도행전 29장 21절은? ☙

- "당신의 성경책 사도행전 29장 21절을 펴 보세요."

- 학습자들은 사도행전은 28장까지 밖에 없다고 말할 것이다.

  "내 성경책에는 사도행전 29장이 있는데요."

- 몇 명의 학습자들을 앞으로 불러내어 성경의 사도행전 28장 마지막 부분을 가리키도록 하고 그들도 사도행전 29장을 가졌다고 말하라.

  "지금은 사도행전 29장에 있습니다. 하나님께서는 성령님께서 우리를 통해서 행하시는 것을 기록하고 계시며, 언젠가 우리는 그것을 읽을 수 있을 것입니다. 당신은 어떻게 기록되었으면 좋겠습니까? 당신의 비전은 무엇입니까? 우리가 작업했던 지도는 우리의 사도행전 29장 지도이며 하나님께서 우리의 삶에서 행하시길 원하는 비전입니다. 저의 사도행전 29장 비전을 나누고 싶습니다.

- 당신의 사도행전 29장 비전을 그룹에서 나누라. 두 종류의 사람들 개념을 포함시키는 것을 잊지 말라: 불신자와 신자. 하나님께서는 우리로 하여금 불신자에게 복음을 전하길 원하고 신자들에게는 어떻게 그리스도를 따르는지에 대한 것과 그들의 믿음을 나누는 것에 대하여 훈련시키길 원하신다.

"사도행전 29장 지도는 예수님께서 우리가 지고 가기를 원하시는 십자가를 제시합니다. 이제 우리의 지도들을 제시하고, 다른 사람들을 위해서 기도하며, 예수님을 따르기 위해서 우리의 삶을 헌신하는 거룩한 시간으로 들어가길 원합니다."

사도행전 29장 지도-제3부 ☙

- 학습자들에게 그들의 지도에 새로운 제자 그룹들을 만들 곳에 서클을 세 곳을 만들라고 요청하라. 그 표시한 서클 옆에 그룹 리더라고 생각되는 사람, 가능한 초청 가족의 이름을 적어야 한다.

- 만약 그들이 이미 한 그룹을 시작했다면, 축하하고 지도에 그들을 넣으라. 만약 그들이 아직 한 그룹도 시작하지 못했으면, 하나님께서 역사하시는 곳이 어딘지를 분별하도록 도와주라.

- 이것은 학습자들이 발표하기 전 마지막 준비 과정이다. 필요하면 시간을 더 주라.

10

짊어지기

짊어지기(Take up) 은 이 세미나의 마지막 부분이다. 예수님은 우리가 매일 십자가를 지고 그를 따르라고 명령하셨다. 사도행전 29장은 예수님께서 모든 학습자를 불러서 지라고 하신 십자가의 그림이다.

　이 마지막 장에서는 학습자들이 그룹 앞에서 그들의 사도행전 29장을 발표할 것이다. 각 발표 후에는 그 그룹은 손을 발표자와 사도행전 29장위에 얹고 하나님께서 그들의 사역에 복을 주시고 기름을 부어주시도록 기도하라. 그 그룹은 그 발표자에게 "네 십자가를 지고 나를 따르라"라는 계명을 세 번 반복하도록 도전하라. 학습자들이 모두가 마칠 때까지 교대로 사도행전 29장을 발표한다. 훈련은 제자를 삼으라는 찬양으로 마치고 인정 받는 영적 지도자가 마지막 기도를 한다.

찬양

- 한 사람에게 하나님이 함께 하시고 복 주시기를 위해 기도하도록 부탁하라.

- 찬양이나 찬송가 두 곡을 부르라.

기도

- 그 그룹에서 인정받는 영적 지도자에게 이 특별한 헌신의 시간에 하나님께서 복 주시길 기도해 달라고 부탁하라.

복습

각 복습 시간은 동일하다. 학습자들에게 이 전에 배운 수업들을 서서 암송하라고 하라. 그들이 손 동작을 하는지 확인하라.
아래 4개 레슨을 복습하라.

우리가 예수님처럼 사는데 도움이 되는 8개 그림이 무엇인가?

병사, 찾는자, 목자, 씨 뿌리는 자, 하나님의 아들, 거룩한 분, 종, 청지기

증가

청지기가 하는 세가지 일은 무엇인가?

하나님이 인간에게 준 첫 계명은 무엇인가?

예수님이 인간에게 준 마지막 계명은 무엇인가?

나는 어떻게 생육하고 번성할 수 있는가?

이스라엘에 위치한 2개의 바다의 이름은 무엇인가?

그들은 왜 그렇게 다른가?

당신은 어떤 바다가 되고 싶은가?

사랑

목자가 하는 세 가지 일은 무엇인가?

다른 사람들에게 가르쳐야 할 가장 중요한 계명은 무엇인가?

사랑은 어디서부터 오는 것인가?

간소한 예배는 무엇인가?

우리는 간소한 예배를 왜 드리는가?

간소한 예배를 드리는데 필요한 인원은 몇 명인가?

기도

성도가 하는 세 가지 일은 무엇인가?

우리는 어떻게 기도해야 하나?

하나님은 우리에게 어떻게 응답하는가?

하나님의 전화번호는 무엇인가?

순종

종이 해야 하는 세가지는 무엇인가?

누가 가장 높은 권세를 가졌는가?

예수님께서 모든 신자들에게 주신 4가지 계명은 무엇인가?

우리는 어떻게 예수님을 따를 것인가?

예수님이 우리에게 약속한 것은 무엇인가?

동행

아들이 하는 세 가지 일은 무엇인가?

예수님의 사역에 있어서 능력의 근원은 무엇이었나?

예수님께서는 십자가 앞에서 신자들에게 성령님에 대해서 무엇을 약속하셨나?

예수님께서는 부활하신 후 신자들에게 성령님에 대해서 무엇을 약속하셨나?

우리가 지켜야 할 성령님에 관한 네 가지 계명은 무엇입니까?

가라

찾는 자가 하는 세 가지 일은 무엇인가?

예수님께서는 어디서 사역하실지 어떻게 결정하셨나?

우리는 어디서 사역할지 어떻게 결정해야 할까?

우리는 하나님이 일하는지 어떻게 알 수 있을까?

예수님께서는 어디서 일하시나?

예수님께서 일하시는 다른 곳은 어딘가?

나눔

군인들이 하는 세가지는 무엇인가?

우리는 어떻게 사탄을 물리칠 것인가?

효과적인 간증의 개요는 무엇인가?

따르는 자들에게 중요한 가이드라인은 무엇인가?

씨 뿌리기

씨 뿌리는 자가 하는 세가지는 무엇인가?

우리가 나눌 단순한 복음은 무엇인가?

학습

예수님께서 따르는 자들에게 매일 무엇을 하라고 명령하셨는가?

누가복음 9:23- 또 무리에게 이르시되 "아무든지 나를 따라오려거든 자기를 부인하고 날마다 제 십자가를 지고 나를 따를 것이니라."

"자신을 부인하고 자기 십자가를 지고 예수를 따르라고 했습니다."

우리의 십자가를 지라는 세가지 음성은 무엇인가?

위로부터의 음성

-마가복음 16:15- 또 예수께서 그들에게 말씀하셨다. "너희는 온 세상에 나가서, 만민에게 5)복음을 전파하여라."

"예수님은 하늘에서부터 우리를 부르시고 복음을 전하라고 했습니다. 그분은 가장 높은 권세를 가지신 분이며, 우리는 항상 그분에게 순종해야 합니다."

"이것은 위로부터의 소리입니다."

위쪽
✋손가락을 위로 들어 하늘을 가리키라.

아래로부터의 음성

-누가복음 16:27-28- 이르되 그러면 아버지여 구하노니 나사로를 내 아버지의 집에 보내소서-내 형제 다섯이 있으니 그들에게 증언하게 하여 그들로 이 고통 받는 곳에 오지 않게 하소서

"예수님께서는 지옥에 간 부자의 이야기를 하셨습니다. 그 이야기 속에 그 부자는 나사로라는 가난한 사람을 천국에서 세상으로 보내서 그의 다섯 형제들에게 지옥의 실체에 대해서 경고해 달라고 부탁했습니다. 아브라함이 말하기를 그들에게는 경고해주는 사람이 많다고 했습니다. 나사로는 세상으로 갈 수가 없었습니다. 죽어 지옥에 있는 사람들이 우리에게 복음을 전하라고 합니다.

"이것은 아래로부터의 소리입니다."

아래쪽
　✋손가락을 땅 쪽으로 가리키라.

안에서의 음성

-고린도전서 9:16- 내가 복음을 전할지라도 자랑할 것이 없음은 내가 부득불 할 일임이라 만일 복음을 전하지 아니하면 내게 화가 있을 것이로다

"바울 안에 계신 성령님께서 그에게 복음을 전하도록 강권했습니다. 같은 성령님께서 우리를 불러 십자가를 지고 복음을 전하라고 하십니다.

"이것은 안으로부터의 음성입니다."

안으로
　✋손가락을 가슴으로 가리키라.

밖으로부터의 음성

-사도행전 16:9- 여기서 밤에 바울에게 환상이 나타났는데, 마케도니아 사람 하나가 바울 앞에 서서 "마케도니아로 건너와서, 우리를 도와주십시오" 하고 간청하였다.

"바울은 아시아로 가기로 계획했지만, 성령께서 그 당시에 허락하지 않았습니다. 그는 한 사람이 마케도니아로부터 와서 복음을 전해 달라고 간청하는 환상을 보았습니다. 전 세계에 있는 미전도 종족들은 십자가를 지고 복음을 전해달라고 우리를 부르고 있습니다."

"이 것은 밖으로부터의 음성입니다."

밖에서
✋손을 둥글게 모아 그룹을 향하여 "이리 오세요"라는 동작을 하라.

- 학습자들과 함께 동작과 함께 누구의 목소리인지, 어디서 오는 소리인지 무엇이라고 말하는지 반복하여 복습하라.

발표

사도행전 29장 지도 ☙

- 학습자들을 여덟 명씩 한 그룹으로 나누라. 예수 따르기 훈련(FJT)에 참가한 사람 중에서 영적인 리더로 인정 받는 자에게 각 그룹을 인도하도록 하라.

- 아래의 사역 시간 과정을 학습자들에게 설명하라.

- 학습자들은 원의 중앙에 사도행전 29장 지도를 놓고 교대로 그 그룹에게 발표하라. 그 다음에 그 그룹은 손을 사도행전 29장 지도에 그리고/혹은 학습자에게 얹고 하나님의 능력과 복이 임하도록 기도하라.

- 모든 사람은 그 학습자를 위해서 동시에 큰 소리로 기도해야 한다. 그 그룹에서 인정 받는 지도자가 성령께서 인도하심에 따라 기도를 마친다.

- 그 시점에, 그 학습자는 지도를 말아서 그 혹은 그녀의 어깨에 메고, 그룹은 "너의 십자가를 지고 주를 따르라."라고

한 목소리로 세 번 반복하라. 그 다음에 다음 학습자가 그들의 지도를 발표하고 전과 동일하게 행하라.

- 당신이 시작하기 전에 학습들에게 "너의 십자가를 지고 주를 따르라."라고 세 번 반복하도록 하라. 모두가 자기의 지도를 발표한 후에 그렇게 하도록 하라. 이렇게 하면 모두가 한 목소리로 그 구절을 어떻게 말하는지 결정하는데 도움이 될 것이다.

- 그 그룹에서 모두가 그들의 지도 발표를 마친 후, 학습자들은 아직 마치지 않은 다른 그룹에 합류하여 세미나에 참석한 모두가 큰 한 그룹이 될 때까지 그렇게 하라.

- 그 그룹 학습자들에게 뜻 깊은 헌신 찬양을 하면 그 훈련이 마친다는 신호이다.

제 3 부
참고문헌

더 깊은 연구를 위하여

위에 제시된 주제로 더 깊이 연구하기 위해서는 아래 소개하는 자료를 참조하라. 선교의 새로운 면에서, 이것은 성경 다음으로 번역된 좋은 첫 책들의 목록이다.

Billheimer, Pual (1975). Destined for the Throne, Christian Literature Crusade.

Blackaby, Henry T. and King, Claude V (1990). Experiencing God: Knowing and Doing the Will of God, Lifeway Press.

Bright, Bill l (1971). How to Be Filled with the Holy Spirit. Campus Crusade for Christ.

Carlton, R. Bruce 2003). Acts 29: Practical Training in Facilitating Church-Planting Movements among the Neglected Harvest Fields. Kairos Press.

Graham, Billy (1978). The Holy Spirit: Activating God's Power in Your Life. W Publish Group.

Hodges, Herb (2001). Tally Ho the Fox! The Foundation for Building World-Visionary, World Impacting, Reproducing Disciples. Spiritual Life Ministries.

Hybels, Bill (1988). Too Busy to Pray. Intervarsity Press.

Kai, Ying. Training For Trainers (T4T). Unpublished, no date.

Murray, Andrew (2007). With Christ in the School of Prayer. Diggory Press.

Ogden, Greg (2003). Transforming Discipleship: Making Disciples a Few at a Time. Intervarsity Press.

Packer, J. 1 (1993). Knowing God, Intervarsity Press.

Patterson, George and Scoggins, Richard (1994). Church Multiplication Guide. William Carey Library.

Piper, John (2006) What Jesus Demands from the World. Crossway Books.

Smith, Steve with Kai, Ying (2011). T4T: A Discipleship ReRevolution. Wigtake Resources.

부록 A

번역자 노트

저자는 이 훈련 교제를 하나님의 방언들인 다른 언어로 번역하는 것을 허락한다. 예수 따르기 훈련(FJT)을 번역할 때에 다음의 가이드 라인을 따라주기 바란다:

- 이 책을 번역하기 전에 예수 따르는 훈련(FJT) 교제를 가지고 다른 사람들을 몇 차례 훈련시켜 보기를 권장한다. 번역은 문자적 번역이나 단어-단어 번역이 아니라 의미를 강조해야 한다. 예를 들어, 만약에 "성령과 함께 걸으라."는 당신이 가진 성경에는 "성령으로 살아라."고 번역되었다. "성령으로 살아라."를 필요하면 적절한 손 동작으로 바꾸어라.

- 번역은 가능하면 기독교인들이 쓰는 "종교적인 언어"가 아닌 일반적인 언어로 해야 한다.

- 성경은 당신 그룹에서 대부분의 사람들이 이해할 수 있는 번역본을 사용 하라. 만약에 한가지 번역밖에 없는데, 이해하기 힘들다면, 현대 용어로 바꾸어 그들이 분명하게 이해할 수 있도록 하라.

- 그리스도의 여덟 가지 각 그림을 위한 적극적인 용어를 사용하라. 훈련 팀이 정확한 단어를 찾기까지 "적절한 용어"로 여러 번의 실험이 필요할 것이다.

- "Saint"라는 단어는 당신의 문화에서 통용되는 단어인 성도로, 예배 드리고, 기도하며, 아주 도덕적인 삶을 살아가는 사람으로 번역하라.

- 비록 예수님의 거룩하심을 당신의 언어로 번역해도 마찬가지다. 꼭 "거룩하신 분"이라고 할 필요는 없다. 우리가

여기에서 "거룩한 분"이라는 단어를 사용한 것은 예수님에 대해서 "성도"라는 단어로 쓰기에 적절하지 않기 때문이다.

- "종"이라는 단어는 긍정적인 의미로 번역하기 힘들지만 이곳에서는 긍정적인 의미로 사용하는 것이 중요하다. 그 종이라는 단어를 열심히 일하고, 겸손하며, 남들을 돕는 것을 즐기는 사람으로 조심스럽게 사용하라. 대부분의 문화에서 그것이 바로 '종의 마음'이기 때문이다.

- 모든 드라마를 서남아시아에서 개발했으며, 일반적으로 그 문화에서 맞는 것이다. 그 드라마를 당신의 문화에 맞게 각색해서 사용하고, 아이템이나 생각들이 당신 나라 사람들에게 익숙하도록 만들라.

- 당신의 사역에 대해서 듣고 싶으며 가능한 모든 방법으로 돕고 싶다.

  translations@FollowJesusTraining.com으로 연락하면 함께 사역할 수 있고 더 많은 사람들이 예수님을 따르는 것을 볼 것이다!

부록 B

FAQ

1. 제자 만드는 제자 양육(Making Radical Disciples)의 주요 목적은 무엇인가?

   믿는 자들의 작은 그룹(만나서 예배, 기도, 성경공부를 함께 할 뿐 아니라, 예수님의 계명을 따르기 위해서 서로 의지하는)이 건강한 교회의 기초를 형성하고 또한 그들의 모임이 오랫동안 지속된다. 우리의 목표는 그들이 예수님의 전략 세가지 단계(주 안에서 강하게 자람, 복음을 전함, 제자를 삼음)를 행하도록 훈련하여 전 세계에 복음을 전하고자 하는 예수님의 사역에 참여하도록 사람들을 무장 시키는 것이다. 선교사는 영향력은 있지만 제자를 재 생산하는 제자를 양육하는 일은 거의 하지 않는다.

   우리 경험으로 볼 때, 대부분의 신자들은 제자 그룹이 만들어지는 변화되는 공동체를 경험해 보지 못했다. 제자를 재생산하는 제자훈련 운동은 가정 예배를 통해서 가족이 서로 제자 훈련하는 것이다; 교회는 제자 훈련 반에서 그리고 주일학교 교실에서 그들의 멤버들을 제자화하는 것이다; 셀 그룹은 그들의 멤버들이 시로 어떻게 제자화하는지 훈련하는 것이다; 교회 개척은 종종 작은 제자 그룹에서 시작한다. 오래지 않아 제자 그룹은 여기, 저기 그리고 모든 곳에서 생겨날 것이다.

2. 훈련과 가르침의 차이점은 무엇인가?

   신뢰성이다. 가르침은 마음으로 받는 것이고, 훈련은 손과 가슴으로 받는 것이다. 가르침에서는 선생이 많은 말을 하고, 학생은 약간의 질문만 한다. 훈련에서는 학습자가 말을 많이 하고, 트레이너는 약간의 질문만 한다. 가르침을 마친 후에는 대게 질문이 "그들이 좋아해?" "그들이 이해했어?"이다. 하지만 훈련을 마친 후에 중요한 질문은 "그들이 행할 것인가?"이다.

3. 만약 정해진 시간에 한 과를 마치지 못했으면 어떻게 하나?

   예수 따르기 훈련(FJT)에서 훈련 과정은 중요하다. 학습자들에게 내용을 가르치는 것뿐 아니라 다른 사람을 어떻게 훈련시킬 것인가를 가르치는 것도 중요하다. 한번에 다 끝내기가 어려우면 "학습"부분만 끝내도록 그 세션을 두 번으로 나누어라. 그 과를 두 파트로 나누어 훈련 과정은 남겨두는 것이 좋겠다.

   학생들의 의무를 점검하는 것과 실습을 하는 것을 건너 뛰려는 유혹들이 흔히 있어서 전통적인 성경공부 스타일이 된다. 하지만 확장의 주요 열쇠는 책임성과 실습이다. 이것들을 빼먹지 말라. "학습"세션을 둘로 나누어 실습은 반드시 하도록 하라.

4. 처음에 어떻게 시작해야 할지 좋은 아이디어를 줄 수 있나?

   당신부터 시작하라. 당신이 갖지 못한 것은 줄 수가 없다. 레슨을 공부하고 당신의 일상의 삶에 적용하라. 다른 사람들을 훈련하기 전에 당신이 어느 정도의 수준에 도달해야만 하다는 그런 편견에 빠지지 말라. 당신이 갖지 않은 것을 남에게 줄 수 없다는 것도 맞는 말이긴 하다. 하지만 당신이 믿는 사람이라면, 성령님께서 당신 안에 사시기 때문에 이미 당신은 다른 사람들을 훈련할 수준에 이른 것도 분명하다.

   당신이 배우지 못한 것을 가르치지 못한다는 말도 맞긴 하지만, 당신이 배우지 못한 것은 배울 수 없다는 말도 맞는 말이다. 그냥 해보라. 결과는 주님께 맡기고 밖으로 나가서 다른 사람들을 훈련시켜 보라. 하나님께서 일하고 계시는 곳에 참여하면 다른 사람들을 훈련시킬 기회가 많아질 것이다. 50명에게 훈련하는 정렬로 5명을 훈련하라. 적게 심으면 적게 거두고, 많이 심으면 많이 거두는 법이다. 당신이 볼 수 있는 추수는 당신이 다른 사람을 훈련시키는 헌신과 정비례한다.

5. "5의 법칙"은 무엇인가?

   학습자들은 다른 사람들을 훈련시키기 전에 한 레슨을 다섯 번 연습을 해야 한다. 처음에 학습자는 "좋은 레슨이군. 고맙습니다."라고 말한다. 두 번째 (같은 레슨을 배우고 난 후에) 그들은 "아직 확신은 없지만 잘 하면 나도 가르칠 수 있겠는걸"이라고 말할 것이다.

   세 번째, 학습자는 "이 레슨을 내가 가르치는 것이 생각만큼 어렵진 않겠는데. 아마 결국은 내가 할 수 있을 것 같군"

   네 번째, 학습자는 "이제 이 레슨이 얼마나 중요한지 알겠어. 다른 사람을 가르치고 싶어. 자꾸 쉬워지는데." 다섯 번 반복을 한 후에는 "내가 가르친 사람이 또 다른 사람을 어떻게 가르쳐야 할지를 가르칠 수 있어. 나는 하나님께서 이 레슨을 통하여 나의 친구들과 가족들을 변화시킬 것이라는 확신이 있어."라고 말할 것이다. 보는 것을 통해서든지, 아니면 직접 하면서든지 레슨을 반복해서 연습하라. 그렇기 때문에 우리는 두 번 연습할 것을 제안한다. 학습자들이 한번은 기도 파트너와 그 후에는 파트너를 바꾸어서 그 레슨을 다시 연습해야 한다.

6. 왜 손동작을 그렇게 많이 사용하는가?

   처음에는 아이들 같이 보이지만 대부분의 사람들은 그렇게 하기 때문에 훨씬 빨리 암기한다는 것을 곧 깨닫게 된다. 손 동작을 사용하는 것은 운동 감각과 시각을 사용하는 배우는 스타일이다. 하지만 손동작을 사용하는데 있어서 주의하라! 당신이 훈련시키는 사람들의 지방 풍습상 그 손동작이 저속하다거나 당신의 의도와는 다르지는 않는지 체크하라. 우리는 이 매뉴얼에 사용하고 있는 손동작을 서남아시아의 몇 나라에서 이미 실험을 했지만, 그래도 다시 한번 손동작의 의미를 체크해서 나쁠 것이 없다.

의사들, 변호사들, 다른 학식이 있는 사람들도 손 동작으로 통하여 배우는 것을 즐거워하는 것에 대해서 놀라지 말라. 우리가 자주 듣게 되는 말은 "결국, 내가 이것을 남에게 가르칠 수 있고, 그들도 남을 가르칠 것이다"라는 것이다.

7. 왜 교육이 이렇게 간단하지?

예수님께서는 간단하고 암기할 수 있는 방법으로 교육하셨다. 우리는 실제 삶의 모범(드라마)과 이야기를 사용한다. 왜냐하면 예수님께서 사용하신 방법이기 때문이다. 만약 학습자들이 "네프킨 테스트"(식사 시간에 학습자들이 네프킨 위에 레슨을 쓸 수 있고, 즉석에서 암기할 수 있는지?) 의해서만 통과한다면 이 레슨은 정말로 재생산이 가능한 것이라고 믿는다. 예수님 따르기 훈련의 교육은 "자신들을 가르치고" 좋은 씨앗을 부리도록 성령을 의지하게 한다. 간단함이 재 생산을 하는데 중요한 열쇠가 된다.

8. 다른 사람들을 훈련시킬 때에 흔히 범하기 쉬운 실수는 무엇인가?

- 훈련에서 학습자의 임무를 그냥 넘어가는 것이다: 전형적인 소 그룹에서는 예배, 기도, 성경공부를 한다. 훈련에서는 이 세 가지에 연습과 함께 학습자에게 훈련과 함께 부여된 임무가 있다. 대부분의 사람들은 좋은 분위기 속에서 다른 사람들의 임무에 대해서 말하는 것은 불가능하다고 믿기에 이 부분을 건너 뛴다. 한 상황을 정해놓고, 상대방의 인격에 흠이 안가는 질문을 하면 그 그룹은 서로 신뢰성이 쌓이고 영적으로 크게 성장할 수 있을 것이다.

- 그들은 다수가 아니라 소수에 집중했다: 1대1 제자 양육이 이론적으로는 좋지만, 실습을 할 수 없다. 성경적으로는 소 그룹 제자 양육이 좋은 것 같다. 예수님은 대

부분의 시간을 베드로, 야고보, 요한과 함께 보냈다. 베드로의 제자훈련 여행시 그와 함께 동행했던 사람들이 예루살렘교회에서 도왔다. 바울의 서신에는 그가 훈련한 사람들의 이름이 나열되어 있다.

사실은 당신이 훈련하는 사람들의 약 15~20%의 사람들만이 다시 트레이너가 된다. 이 사실에 너무 실망하지 말라. 우리가 성실하게 복음의 씨만 넓게 뿌린다면 이 정도의 숫자로도 하나님께서는 충분히 제자 훈련 운동을 일으키실 것이다.

- 너무 많은 말을 한다: 전형적인 90분 세션에서는 트레이너는 30분 정도 말하면 된다. 예배, 기도, 나눔 그리고 연습 시간을 포함한 훈련에서 학습자들이 주로 말해야 한다. 대부분의 서양의 교육 배경에서는 이런 시간 순서의 함정에 빠진다.

- 비생산적인 방법으로 훈련한다; 제자 양육 운동의 핵심은 재 생산에 있다. 그 결과, 당신이 훈련 시키고 있는 가장 중요한 사람들은 방에 있지 않는다: 그들은 다른 사람들을 훈련시키는 3대, 4대, 5대의 세대들이다.

중요한 질문은 "다름 세대의 제자들이 정확하게 내가 하는 대로 다른 사람들을 훈련 시킬 수 있을까?"하는 것이어야 한다. 만약 제 4세대에서도 신자들이 당신이 한 것과 똑같이 나누고, 제시하고, 돕는다면 어떤 일이 일어날까? 만약 그들이 당신을 쉽게 따라 한다면, 충분히 재생산이 될 수 있다.

9. 내 주변 미전도 종족 속에 신자가 한 명도 없다면 어떻게 해야 하나?

- 예수 따르기 훈련을 배워서 제자 훈련을 시작하고 당신의 미전도 종족 그룹들에게 복음을 전하라. 예수 따르기 훈련은 찾는 자에게 예수님이 누구인지 기독교인이 된다는 뜻이 무엇인지를 보여준다. 서남 아시아에서는, 우리는 종족 사람들을 훈련시킨 후에 그들을 복음화 시

킨다. 예수 따르는 훈련은 편안한 방법으로 이 일을 하도록 제시한다.

- 당신이 복음화 시키려고 하는 그룹들과 경제적, 정치적, 지리적, 문화적으로 가까운 사람들 중에서 신자들을 알아내라. 예수 따르기 훈련 프로그램으로 그들을 훈련하고, 그들과 가까이 있는 그룹들을 복음화 시키는 비전을 던져주라.

- 미전도 종족인 당신의 종족을 알리기 위해서 신학교나 성경학교를 방문하라.

- 종종 하나님께서는 이미 지도자를 양성하고 계신다.(우리가 그것을 아직 모를 뿐이다!) 미전도 종족인 당신의 종족 속에서 부모 중 한 분을 잃은 사람을 알아내라. 많은 경우에 이런 지도자들은 미전도 종족들에 대한 부담감을 갖고 있으나 어떻게 전도해야 하는지에 대한 경험이 없다.

10. 막 훈련을 받은 제자들이 새로운 제자들을 양육하려고 할 때 처음으로 해야 할 일은 무엇인가?

학습자들에게 이미 연습한 간소한 예배를 드리도록 격려하라. 그룹으로 찬양하고 함께 기도한다. 학습 중에 그들은 서로에게 예수 따르기 훈련 교제를 가지고 가르치거나 세 개의 응용 질문들을 가지고 성경 이야기를 한다.

"연습" 세션에서, 그들은 배운 레슨으로 서로에게 가르친다. 학습자들은 세미나 기간 중에 간소한 형식의 예배를 여러 번 실습하여 그들이 떠나서 제자 훈련 모임을 할 때 자신감을 갖도록 한다.

11. 훈련자들이 이 교제를 사용할 때에 좀 다른 입장이 있다면 무엇일까?

훈련자들은 아래의 방법으로 예수 따르기 훈련 교제를 성공적으로 사용할 수 있다.

- 세미나 형식-세미나 형식의 훈련에서 최적의 숫자는 24-30명의 훈련생이다. 세미나는 훈련생들의 교육 정도에 따라서 이틀 반이나 삼일 정도로 한다.

- 주 1회 세션-주 1회로 훈련을 할 때의 최적의 인원은 10-12명이다. 간소한 형식의 예배를 위한 추가 연습 시간은 훈련 주기를 12주로 만든다. 전형적으로는 훈련은 개인의 집이나 교회에서 한다. 어떤 훈련자는 2주에 한번씩 모임을 하여 모이지 않는 주에는 훈련생들이 다른 사람들을 훈련하도록 한다. 이러한 접근으로 교회 개척 운동이 급증하게 되었다.

- 주일학교 교실-주일학교에서는 훈련할 수 있는 최적의 인원이 8~10명이다. 각 레슨의 학습 부분은 두 부분으로 나눠 2주에 걸쳐서 가르친다. 간소한 형식의 예배는 매 시간마다 강조하고, 훈련은 20주간 한다.

- 신학교나 성경학교 교실-훈련자들은 예수 따르기 훈련 교제를 한주간 속성코스 훈련으로 하든지/아니면 전도학 혹은 제자훈련 과목으로 주 1회 사용 할 수 있다.

- 컨퍼런스- 만약에 소 그룹들을 인도할 사람들과 기타 업무를 도울 사람이 있다면 100명까지의 그룹은 능력 있는 제자 만들기 교제로 훈련할 수 있다.

- 설교- 예수 따르기 훈련을 마친 후 목사들은 종종 그 교육 과정을 가지고 교회에서 가르친다. 이것은 다른 사람들에게 예수 따르기를 가르치는 사람들에게는 재미가 있고, 또한 힘이 된다. 문제는 예수 따르기 훈련 교제를 가르치려고 하지 훈련시키려고 하지 않는다는데 있다. 목사들은 설교를 할 때 이 내용을 사용할 경우 그런 위험에 빠지지 말아야 한다. 목사들은 그 내용을 가지고 훈련자들이 교회에 있는 다른 성도들을 훈련하도록 독려하는 수단으로 사용해야 한다.

- 선교사들-선교사들은 그들과 동역하는 현지인들이 어떻게 그 민족을 실제적인 방법으로 훈련하는지에 대해

서 나눌 수 있다. 현지인들은 이런 간단한 방법으로 어떻게 예수님을 따를지에 대해서 그리고 선교사들이 선교지에서 어떻게 사역하는지에 대해서 배우는 것이 정말 흥미롭다고 말한다.

- 코칭-어떤 훈련자들은 기회가 주어질 때에 리더들을 훈련하기 위해서 레슨의 일부분을 사용한다. 예수 따르는 훈련 교제는 통합적이기 때문에(모든 부분이 다른 부분을 강조하고 설명한다.) 훈련자들은 어떤 부분에서든지 시작할 수 있고, 그들은 예수를 따르는 전체 그림을 준다고 확신을 한다.

12. 교육을 전혀 받지 못한 사람이나 많이 배우지 못한 사람이 참석했을 경우에 어떻게 해야 하는가?

아, 내가 하고자 하는 이야기는 이 주제에 대해서 설명이 될 것이다. 우리가 기

억 하는 한 훈련은 태국에서 있었는데, 북쪽 소수 부족 여성들이 주로 참석했었다.

그들의 문화에서 여자들은 십대가 될 때까지 읽고 쓰는 것이 금지 되어 있다. 이 말은 대부분의 여자들은 평생 배우지 못한다는 것이다.

이런 훈련에서는 여자들은 조용히 앉아서 남자들이 배우는 것을 듣는다. 하지만, 예수 따르는 훈련을 할 때에 손 동작을 통해서 가르칠 때에 모든 여자들이 3일간의 훈련에 참여했다. 우리는 한 리더에서 성령을 큰 소리로 읽으라고 부탁했다.(전체가 큰 소리로 함께 읽는 대신에) 그리고 그 훈련 기간 동안에는 그 여자들을 4~5명씩 그룹으로 나누었다(두 사람씩 짝으로 하는 대신에) 3일 동안에 자유롭게 눈물도 흘렸던 여자들이 "이제 우리도 다른 사람들에게 가르쳐 줄 것을 배웠다"고 말했다.

부록 C

점검 사항

훈련을 시작하기 전에….

- 기도 팀 모집-훈련 전에 그리고 훈련 하는 동안에 그 훈련을 위해서 기도할 12명의 기도 팀을 모집하라. 이것은 아주 중요하다!

- 견습생 모집- 전에 예수 따르기 훈련: 유능한 제자 만들기 에 참가한 사람 중에서 당신과 함께 팀으로 가르칠 견습생을 모집하라.

- 참가자 초청- 문화적으로 센스 있게 참가자들을 초청하라. 이것은 편지나 초대장을 보내는 것을 포함된다. 유능한 제자 만들기 훈련에 최적의 인원은 24-30명 정도의 세미나이다. 만약에 당신을 도와줄 견습생들이 있다면 당신은 100명까지는 훈련할 수 있다. 유능한 제자 만들기 훈련은 1주에 한번 하면서 3명 이상이면 효과적으로 할 수 있다.

- 숙식, 차량 확인- 학습자들을 위해서 숙소, 식사 그리고 이동 수단도 확인하라.

- 훈련 장소 준비- 뒤쪽에 테이블 두 개가 준비된 교실을 준비하고, 훈련 기간 중 학습자들이 실습할 수 있는 여러 개의 방이 필요한데 그 방에는 의자가 원형으로 놓여 있으면 좋겠다. 만약 마루 바닥으로 된 방이 있다면 의자가 있는 것보다 더 좋겠다. 하루에 두 번씩 휴식 시간을 갖도록 하며 커피, 차, 간식을 제공하라.

- 훈련 도구 준비- 성경, 화이트 보드, 보드 펜, 학생 노트, 지도자 노트, 사도행전 29장 지도 연습을 위해 모든 학

습자들이 사용할 흰색 포스터 종이, 칼라 펜, 색연필, 공책(학생들이 교실에서 쓰는), 볼펜, 연필.

- 예배 준비- 찬송을 적은 차트나 각 학습자들을 위한 찬양 집을 사용하라. 그룹에서 기타를 칠 줄 아는 사람을 찾아서 도움을 요청하라. 각 레슨의 주제에 맞는 찬양을 선곡하라.

- 활동을 위한 준비-풍선, 물병, 상품.

훈련을 마친 후에……

- 훈련 도우미와 함께 훈련 전반에 걸쳐서 평가하라-훈련 도우미와 함께 훈련 전반에 걸쳐 재 검토하고 평가하는 시간을 갖는다. 좋았던 점과 개선해야 할 점등의 리스트를 작성한다. 다음의 훈련 때에 더욱 개선된 훈련이 되도록 계획을 세운다.

- 가능성이 있어 보이는 도우미와 다음 훈련을 위해서 연락하라-이번 훈련 때에 당신을 도운 도우미 중에서 잠재력이 있는 2~3사람에게 연락하여 다음 에 있는 유능한 제자 만들기 훈련에도 도와달라고 하라.

- 훈련 참가자들에게 다음에는 친구들도 데려오도록 격려하라-훈련 참가자들에게 다음에 참가할 때에 파트너를 데리고 오도록 격려하라. 이것은 다른 사람들을 훈련하는 훈련자들의 숫자를 증가 시키는데 아주 효과적이다.

일정

아래의 자료를 이용하면 3일 세미나 혹은 12주 훈련 프로그램을 짜는데 도움이 될 것이다. 두 일정에서 각 세션은 한 시간 반이 소요된다. 그리고 27페이지에 있는 훈련자를 위한 훈련 과정을 이용하라.

3일 일정

	1일	2일	3일
8:30	간소한 예배	간소한 예배	간소한 예배
9:00	환영	순종	씨 뿌리기
10:15	휴식	휴식	휴식
10:30	배가운동	동행	따르라
12:00	점심식사	점심식사	점심식사
1:00	간소한 예배	간소한 예배	간소한 예배
1:30	사랑	가라	지라
3:00	휴식	휴식	
3:30	기도	나누라	
5:00	저녁식사	저녁식사	

주 1회 일정

1주	간소한 예배.	7주	동행
2주	배가	8주	간소한 예배
3주	사랑	9주	가라
4주	간소한 예배	10주	나누라
5주	기도	11주	따르라
6주	순종	12주	지라

www.ingramcontent.com/pod-product-compliance
Lightning Source LLC
Chambersburg PA
CBHW071504040426
42444CB00008B/1485